CADERNOS DE PESQUISAS MAÇÔNICAS

ENCONTRO NACIONAL

CADERNO 27

CADERNOS DE PESQUISAS MAÇÔNICAS 27

A Egolatria e o Escopo Ético da MAÇONARIA

Editora Maçônica "A TROLHA" Ltda.
Rua Castro Alves, 264 – Jd. Shangri-lá A – Fone (43) 3337-1982
Fax (43) 3326-0915 – Cx. Postal 238
CEP 86001-970 – Londrina – PR

Londrina, outubro de 2015

EDITORA MAÇÔNICA "A TROLHA" LTDA.
Rua Castro Alves, 264 – Jd. Shangri-lá A
86070-670 – Londrina – PR
Cx. Postal 238 – CEP 86001-970
Fone (43) **3337-1982** – Fax (43) **3326-0915**
Site: www.atrolha.com.br
E-mail: redacao@atrolha.com.br

Coordenação Geral:
Conselho Editorial

1ª Edição:
2015

Tiragem:
1.500 exemplares

Projeto Gráfico e Diagramação:
Maristela Meneghetti

Capa:
Ulisses Candreva

Revisão:
Maria Christina Ribeiro Boni

Impressão e acabamento:
Viena Gráfica e Editora

Obediência: *Grande Oriente Independente de Minas Gerais*

Dados Internacionais de Catalogação na Publicação (CIP-Brasil)
CATALOGAÇÃO NA FONTE

L835h Loja Fraternidade Brazileira de Estudos e Pesquisas.
A egolatria e o escopo ético da maçonaria / Loja Fraternidade Brazileira de Estudos e Pesquisas -- 1ª ed. -- Londrina: Ed. Maçônica "A TROLHA", 2015.
224p.; 14,21 cm. -- (Cadernos de Pesquisas Maçônicas; 27).
Vários autores.
Trabalhos apresentados no XX Encontro de Membros Correspondentes (10:2013 : Brasília, DF)

ISBN: 978-85-7252-344-8

1. Maçonaria – Moral e ética. 2. Maçons – Ética e sociedade. 3. Ética social. 4. Virtudes – Filosofia moral. I. Título. II. Cadernos de Pesquisas Maçônicas : Encontro Nacional. III. Encontro de Membros Correspondentes (20 : 2013 : Brasília, DF) IV. Série.

CDD 100
CDU 061.236

Índices para Catálogo Sistemático:

1. Maçonaria – Moral e ética.
061.236:172 (CDU)
2. Maçons – Ética e sociedade.
061.236:17 (CDU)
3. Ética social.
172 (CDU)
4. Virtudes – Filosofia moral.
17 (CDU)

Sumário

Apresentação dos Editores

"A Egolatria e o Escopo Ético da Maçonaria" foi o tema escolhido para o XX Encontro de Membros Correspondentes da Loja Maçônica "Fraternidade Brazileira" de Estudos e Pesquisas, fundada em Juiz de Fora, Minas Gerais, o que foi extremamente oportuno:

Em 30 anos o perfil do brasileiro foi transformado. Com o advento da globalização e suas redes comerciais e sociais, um povo que era descrito como gentil e hospitaleiro se tornou conservador, intolerante, amedrontado e agressivo, independente da classe sócio-econômica. Pelas redes sociais se percebe que o fenômeno não é apenas local, mas que tal mudança em tão pouco tempo deixou irreconhecível este povo hospitaleiro. Posturas e atitudes inadequadas, muitas vezes, com requinte de crueldade, querendo-nos parecer que a humanidade foi contagiada por uma epidêmica autolatria.

Os autores dos trabalhos aqui apresentados desenvolveram seus comentários buscando melhor entendimento do comportamento dos Maçons frente aos compromissos éticos para com a Sublime Ordem e à sociedade propriamente dita.

Para entender possíveis causas desta transformação no comportamento humano, é necessário voltar alguns anos na história educacional Brasileira. No período pós-revolução de 1964, foram retiradas da grade de ensino algumas disciplinas importantes para a formação escolar sob a justificativa de que, tais disciplinas, eram até então mantidas no currículo escolar apenas para manter o "status quo" daquele período. No entanto, não foram analisadas criticamente sobre as consequências futuras e muito menos foram implementadas novas técnicas de ensino, com conteúdos programáticos adequados para preservar os conceitos éticos, morais e cívicos.

Muitos dos intelectuais que levantaram bandeiras para que isto ocorresse e que vislumbravam hipóteses futuras de um ensino mais individualizado e abrangente, ao invés de permanecerem na seara da educação partiram para apoio incondicional com os mesmos propósitos políticos, que tanto vociferaram contra – e, hoje temos quase 3 gerações de brasileiros que sofreram este viés de informação e que são organizados e doutrinados pelas mídias, sem praticamente nenhum senso crítico.

Ética!

Os trabalhos apresentados neste livro mostram apenas uma parcela da beleza e importância de movimentos culturais como este, uma época em que até o pensar foi destituído do seu teor e valor. A egolatria e a ostentação, que eram considerados defeitos passíveis de compaixão, passaram a ser tratadas como qualidades e exemplo a ser seguidos.

Como ter senso crítico, se o pensar nos foi paulatinamente tirado de dentro de nós e substituído pelo conhecer que está fora de nós?

O que fazer diante da afirmativa?

> *"...o imobilismo ético é patente não apenas nas Lojas Maçônicas, mas em todos os segmentos da Nação Brasileira".*

Buscam-se respostas para a questão:

> *"Como deve o Maçom se comportar diante da degradação ética da sociedade?*

A Maçonaria foi e é uma Instituição formadora de humanistas, se ela sofreu poucas variações foi justamente por propor ao seu Iniciado nada mais do que enaltecer o pensar. Estimular o pensamento correto, de forma independente e ampla, por isso ela se manteve original. Ela é o que é e, se porventura um Irmão dela não mais necessita, é certo que o tempo dele em seu seio foi suficiente para uma forma de pensar mais elaborada e menos preconceituosa. E se a intolerância e a inidoneidade se fizeram presentes na vida de algum Irmão, não é a instituição a culpada, mas um desvio de personalidade. Não é a Ordem que está sob julgamento, é o Ser e o seu livre-arbítrio.

Chegamos até aqui pela ética e o bem pensar, e seguiremos à frente pelos mesmos motivos.

Os Editores.

Londrina, agosto de 2015.

A Egolatria e o Escopo Ético da Maçonaria

Irm.·. Geraldo Ribeiro da Fonseca
Or.·. Barbacena – MG

Quanto mais sublimes forem as verdades mais prudência exige o seu uso; senão, de um dia para o outro, transformam-se em lugares comuns e as pessoas nunca mais acreditam nelas.
Nikolai Gogol

O objetivo da filosofia maçônica é construir um mundo melhor para que nele o homem, fundamentado nos princípios de justiça e perfeição, possa progredir, aprimorar-se e buscar a sociedade perfeita.

Muito se tem arguido sobre a origem da Maçonaria, sem, no entanto, atentar para o fato de que o tempo foge ao homem e ele se modifica a cada momento. Viver é aprimorar-se.

Tenho sustentado em todas as minhas manifestações sobre Maçonaria de que a instituição e seus ensinamentos são perfeitos, imperfeitos são os Maçons nem sempre aceitos e, na maioria, carentes de leitura, ensinamentos e coragem para encarar suas imperfeições.

Ao Iniciado na Ordem maçônica é necessário, antes de tudo, ensinar-lhe que o mais importante na Maçonaria universal é seu patrimônio humano. Nos dias atuais, na maioria das vezes, a escolha do candidato e sua aceitação nas Lojas contrapõe-se ao perfil do cidadão Livre e de Bons Costumes. Nas Lojas vem se impondo a quantidade e não a qualidade.

Muitos são os erros apontados no comportamento do Maçom Iniciado nos dias de hoje; poucas são as alternativas no sentido de minorar tal situação. As Lojas não instruem adequadamente seu Quadro de Obreiros. Críticas de todo gênero são disparadas aos Grão-Mestres, Veneráveis e anciãos da Ordem. Erros são apontados, até mesmo de dedo em riste, cobrando maior participação da Maçonaria em todos os níveis da sociedade. Esquecem tais arautos do *"Je acuse"* serem eles os grandes culpados da situação em que se encontram suas Lojas, suas Cidades e nossa Pátria. Corriqueiramente acusações de todo gênero levam Irmãos a se digladiarem por Cargos e funções dentro das Lojas e Potências. Divisionismos, acusações mútuas de má gestão administrativa e desavenças várias são levadas ao conhecimento público através da mídia.

De fora das portas das Lojas quem recebe o impacto do vilipêndio é a Instituição Maçonaria e não o Maçom José, Joaquim, Manuel ou outro nome qualquer. *O divisionismo entre Potências leva a sociedade, dita profana, a entender a Maçonaria como balcão de mercancia, quando se sabe que filosofia não se compra nem vende, apreende-se, vive-se e se pratica. Está caindo no descaso a máxima de que "OS HOMENS PASSAM; A INSTITUIÇÃO FICA".*

Sob meu ponto de vista, o imobilismo ético é patente não apenas nas Lojas maçônicas, mas em todos os segmentos da Nação brasileira. O descrédito do homem no próprio homem não vem de fora das Lojas, e sim de certos Maçons que ignoram o livre-arbítrio e esquecem não haver bem supremo para todos. É neste dilema que, hoje, o Iniciado, pouco esclarecido, está personificando uma ética centrada no individualista. *O fantasma do comodismo e do descomprometimento está deformando o pedreiro livre e construtor, levando-o ao egotismo, ou seja, a se tornar uma pessoa com sentimento exagerado do seu eu e da sua personalidade.* Massacrado pelas exigências da vida Profana, o Irmão está deixando de lado os ensinamentos que veio buscar na Maçonaria. Importante para ele é pagar a mensalidade da Oficina e comparecer à Sessão. A certeza de que será elevado e Exaltado a Graus diversos tolhe, em muito, a capacidade do Obreiro de se interessar pela essência filosófica da Maçonaria. Basta a ele apresentar um trabalho escrito, ou cumprir um interstício para ser Elevado ou Exaltado. Eu sou eu, eu faço, eu aconteço.

Entendo ser urgente uma tomada de posição no sentido de exigir de todos os Obreiros de Loja um compromisso não apenas com a Ritualística, mas interação finalística, objetivando colocar em prática o que é ensinado pela arte real. De nada adianta ficar repetindo lições dos Rituais se nada do que é ensinado é colocado em prática. Ainda existem Maçons que apresentam candidatos para se regenerarem dentro da Maçonaria como se as Lojas fossem escolas de correção. É um absurdo!

> *É da essência da filosofia maçônica agir com prudência, ser tolerante, buscar a perfeição naquilo que se faz, candura no que se pensa, bondade naquilo que se doa, benignidade no que se divide com o próximo e justiça acima de tudo e de todos.*

É de se perguntar se nós, os Maçons de hoje, estamos contribuindo realmente para a felicidade humana. É estarrecedora a inércia dos Maçons diante dos clamores da sociedade a lhes cobrar a bondade maçônica. A egolatria está impedindo o Iniciado de praticar Maçonaria.

Em apelo extremo a seus Membros, a Loja "Fraternidade Brazileira" de Estudos e Pesquisas, de Juiz de Fora – MG, no seu XX Encontro de Membros Correspondentes, em Brasília-DF, realizado em outubro de 2013, discutiu o tema: "A instituição Maçônica deve se pronunciar sobre a política nacional?". As respostas vieram de uma plêiade de Irmãos, oriundos de todos os quadrantes do Brasil. Numa távola redonda, cavaleiros da modernidade, armados com livros, anotações e mentes argutas, digladiarão por uma resposta justa e perfeita. Minha posição a respeito é clara e translúcida: A Maçonaria não pode se pronunciar sobre a política nacional, mas os Homens Livres e de Bons Costumes, realmente iluminados pela luz iniciática da arte real, têm o dever imperioso de se posicionarem politicamente.

> *É dever de cada Maçom, em Loja, ou onde se fizer presente, manifestar seu ponto de vista de ordem política. Entendo que a entidade Maçonaria deve congregar e doutrinar homens capazes de lutar por uma sociedade politicamente justa e perfeita. Defender posicionamento contrário é ser antidemocrata, é defender a egolatria. Eleger Prefeitos, Vereadores, Deputados, Governadores, Senadores e até Presidente é obrigação dos Maçons. Lutar para que nos órgãos públicos a presença de Maçons seja realidade é ter a certeza de operosidade, honestidade e menos corrupção, pois onde está um Maçom subentende-se que ali deve estar um homem probo.*

Cobra-se, também, neste encontro, uma posição de como deve o Maçom se comportar diante da degradação ética da sociedade.

A resposta para esta pergunta aguça minha atenção, já que venho, diuturnamente, criticando a atuação de políticos oportunistas, denunciando a corrupção política e os desmandos administrativos em todos os níveis da administração pública.

Na condição de Membro de uma Loja Centenária, a Regeneração Barbacenense, de Barbacena, MG, assumi, em 1993, o Cargo de Deputado Maçom na Soberana Assembleia Legislativa do Grande Oriente de Minas Gerais. Em virulento manifesto requeri à Presidência daquele Legislativo Maçônico providências contra desmandos administrativos e corrupção no governo do meu Estado. Meu requerimento foi aprovado por unanimidade pelos deputados representantes de centenas de Lojas do Interior. O Requerimento foi encaminhado ao Grão-Mestre e levado a uma convenção maçônica no Estado do Espírito Santo. Na ocasião o assunto foi alvo de apoio por parte do Governador do Estado de Minas e do Ex-Vice-Presidente da República Dr. Aureliano Chaves. Os Maçons de Minas não foram omissos e cobraram providências contra altos salários e mordomias dos então representantes do povo mineiro.

O tempo passou, nada mudou e a situação piorou. Hoje contento-me com o fato de ter cumprido meu dever de cidadão. Por dezenas de vezes, tendo a oportunidade de me manifestar por escrito, em jornais, revistas e panfletos editados por Lojas maçônicas, nunca deixei de apontar e condenar as mazelas de ordem política contrárias aos princípios éticos.

> *Fala-se em degradação ética na sociedade sem atentar para o princípio de que os desvios de padrões éticos de um povo tem raízes na história política e econômica desse povo. Infeliz do povo que esquece suas raízes e tradições.*

O que esperar do futuro de uma criança educada num lar onde os pais se acomodaram, exigindo e transferindo para a escola e professores as atribuições de um pai e de uma mãe. Sob o argumento de luta pela sobrevivência, emancipação da mulher, carência de emprego, necessidade de lazer, agenda lotada, stress e dezenas de outras válvulas de escape, o homem e a mulher estão abdicando deveres e cada vez mais exigindo direitos.

O que esperar de uma juventude sem rumo, tragada pelos vícios, minada pelo abandono, corrompida pelo consumismo, condenada pela ignorância e pela falta de educação e princípios.

> *O que avaliar de positivo numa nação cujos dirigentes, quando não se corrompem, vendem-se a interesses escusos, omitem-se no dever de encarar fracassos e notabilizam-se por defender ideologia política de perpetuação no poder. Um povo só é livre e soberano quando o poder político, emanado do voto, tem a sustentá-lo, não a ignorância da massa, mas a sabedoria do cidadão.*

Nota-se que o cidadão esclarecido de hoje não está satisfeito com o que vê, sente e vive. Não é preciso ser um Iniciado na Maçonaria para entender que os caminhos do progresso exigem sacrifícios e transposição de obstáculos e um povo civilizado não pode ser escravizado pela falta de ética e valores humanos. *Valores éticos só podem ser repassados por quem sabe distinguir o bem do mal, o justo do injusto, o certo do errado.*

Felizmente, os Maçons do Brasil estão sendo acordados e chamados à luta. Suas armas mortíferas sempre foram a credibilidade e a tradição de lutas pelo bem da Pátria. Estas armas são patrimônio inalienável de milhares de Maçons brasileiros, defensores da ética e da cidadania.

A juventude lota as Lojas através dos Capítulos De Molay e Betéis das Filhas de Jó e a ação maçônica se faz presente, esclarecendo, educando e formando sem alarde o seu exército de vencedores. Os congressos e encontros maçônicos têm sido constantes. Os encontros para debates sobre a simbologia e ritualismo têm deixado margem para que a centelha da politização do Obreiro seja luz perene na defesa dos valores éticos e da democracia.

> *A Maçonaria é a âncora, o Maçom o marujo; aquela sustenta; este veleja na busca de um porto seguro.*

NEM TUDO ESTÁ PERDIDO!
AINDA RESTA A ESPERANÇA!
DESGRAÇADO DAQUELE QUE TENTAR EXTINGUI-LA!

Ações: Reflexos da Alma

Irm.:. Horacílio Pesce
Or.:. Piranga – SP

A quinta Instrução do Grau de Aprendiz Maçom nos lembra do tamanho da nossa Loja, ou seja, o Universo e a universalidade da Maçonaria e discorre a respeito de solidariedade, fraternidade, tolerância e levanta a questão fundamental da ajuda, quando pergunta:

— Não jurastes, então, defender e socorrer vossos Irmãos?

Pretendo então refletir sobre esta questão:

— Até que ponto devemos e estamos preparados interiormente para ajudar um Irmão? Quem é nosso Irmão? Até que ponto estamos livres da superstição, do fanatismo, da ignorância, do preconceito, do orgulho?

Quanto adquirimos de humildade, de flexibilidade para não julgar e manter o foco sobre nós mesmos?

Somos sabedores que não conseguiremos mudar ninguém a não ser nós mesmos e que nossa mudança de conduta poderá sim refletir de forma poderosa a tocar os nossos semelhantes. Nessas condições acredito ser possível ouvir um pedido de ajuda.

Como sempre faço, citarei textos que de alguma forma mexeram lá no mais íntimo de mim, esperando que eles possam de alguma forma também tocá-los. Os textos estarão levemente modificados e adaptados a essa instrução.

"Entrei apressado e com muita fome no restaurante. Escolhi

uma mesa bem afastada do movimento, pois queria aproveitar os poucos minutos de que dispunha naquele dia atribulado para comer e responder uma infinidade de e-mails, além de planejar minha viagem de férias, que há tempos não sabia o que era.

Pedi um filé de abadejo com alcaparras na manteiga, uma salada e um suco de laranja, pois afinal de contas fome é fome, mas regime é regime. Abri meu notebook e levei um susto com aquela voz baixinha atrás de mim:

— Tio, dá um trocado?

— Olha, menino, só tenho uma moedinha para comprar um pão, está bem? Compro um para você.

Nesse momento começo a olhar minha caixa de entrada que estava lotada de e-mails. Fico distraído vendo poesias, as formatações lindas, dando risadas com as piadas malucas. Mais uma notícia sobre a roubalheira do Congresso Nacional, e me pergunto, até quando? Ah! Essa música me leva a Veneza, ouço de novo O sole mio e as boas lembranças de tempos idos.

— Tio, pede para colocar margarina e queijo também? Percebo que o menino tinha ficado ali.

— OK, mas depois me deixe trabalhar, pois estou muito ocupado.

Chega a minha refeição e junto com ela o meu constrangimento.

Faço o pedido do menino, e o garçom me pergunta se quero que o mande ir. Meus resquícios de consciência me impedem de dizer. Digo que está tudo bem.

— Deixe-o ficar. Traga o pão e mais uma refeição decente para ele. Então o menino se sentou à minha frente e perguntou:

— Tio, o que está fazendo?

— Estou lendo uns e-mails.

— O que são e-mails?

— São mensagens eletrônicas mandadas por pessoas via Internet. Sabia que ele não iria entender nada, mas a título de livrar-me de maiores questionários disse:

— É como se fosse uma carta, só que via Internet.

— Tio, você tem Internet?

— Tenho sim, é essencial no mundo de hoje.

— O que é Internet, tio?

— É um local no computador onde podemos ver e ouvir muitas coisas, notícias, músicas, conhecer pessoas, ler, escrever, sonhar, trabalhar, aprender. Tem tudo no mundo virtual.

— E o que é virtual, tio? Resolvo dar uma explicação simplificada, novamente na certeza que ele pouco vai entender e vai me liberar para comer minha refeição, sem culpas.

— Virtual é um local que imaginamos, algo que não podemos pegar, tocar. É lá que criamos um monte de coisas de que gostaríamos de fazer. Criamos nossas fantasias, transformamos o mundo em quase como queríamos que fosse, ajudamos as pessoas através de palavras carinhosas.

— Legal isso. Gostei!

— Mocinho, você entendeu o que é virtual?

— Sim, tio, eu também vivo nesse mundo virtual.

— Você tem computador?

— Não, mas meu mundo também é desse jeito... Virtual.

Minha mãe fica todo dia fora, só chega muito tarde, quase não a vejo. Eu fico cuidando do meu irmão pequeno que vive chorando de fome, e eu cozinho papelão na água para ele pensar que é sopa.

Minha irmã mais velha sai todo dia, diz que vai vender o corpo, mas eu não consigo entender, tio, pois ela sempre volta com o corpo, não sei o que ela vende, mas o corpo não é.

Meu pai está na cadeia há muito tempo. Mas sempre imagino nossa família toda junta em casa, muita comida, muitos brinquedos de Natal, e eu indo ao colégio para virar médico um dia.

Isso não é virtual, tio?

Fechei meu notebook, não antes que as lágrimas caíssem sobre o teclado. Esperei que o menino terminasse de devorar sua comida, paguei a conta e dei o troco para ele, que me retribuiu com um dos mais belos e sinceros sorrisos que eu já recebi na vida, e com um "Brigado tio, você é muito legal!"

Ali, naquele instante tive a maior prova do virtualismo insensato em que vivemos todos os dias, enquanto a realidade cruel rodeia de verdade, e fazemos de conta que não percebemos!

Não estamos disponíveis, estamos numa competição louca e acirrada para sobreviver, sem férias, sem descanso, estressados até a alma, sem tempo de ouvir, de sentir, de enxergar nossos irmãos realmente necessitados."

Convoco meus amados Irmãos para fazer uma parada estratégica e rever conceitos, paradigmas, escutar o interior e verificar o quanto do exterior nos atinge. Se estamos frios, amorfos, se perdemos nossa sensibilidade e se a frieza impera, ou não?

Outro texto que considero para lá de interessante é sobre o perfil do vencedor do Nobel da Paz do ano de 2006, escrito por Alan Wheatley e Simon Denyer.

> *NOVA DÉLHI (Reuters) – Para um homem que talvez tenha feito mais do que qualquer outro para ajudar a tirar as pessoas da miséria, Muhammad Yunus não se desculpa por não dar esmolas a mendigos.*
>
> *Yunus é o fundador do Grameen Bank, que concedeu mais de 5,7 bilhões de dólares em microcrédito para bengaleses pobres, fornecendo uma boia de salva-vidas para milhões de pessoas e um modelo de banco que foi copiado em mais de 100 países, dos Estados Unidos a Uganda.*
>
> *Mas a filosofia de Yunus é a de ajudar os pobres a se ajudarem: dê a um homem um peixe e você o ajuda por um dia, no entanto, ensine-o a pescar e você o ajuda a vida toda. Por isso, ele nunca responde quando um mendigo cego ou aleijado, ou*

quando uma mãe com um bebê nos braços estendem a mão em busca de um trocado.

"Eu me sinto mal, às vezes, eu me sinto horrível, por negar algo a essa pessoa. Mas eu me contenho. Nunca dou nada a eles", disse Yunus à Reuters em uma entrevista feita em 2004 em seu escritório na diretoria do Grameen. "Eu preferiria resolver o problema a apenas lhes dar uma ajuda e cuidar deles por um dia."

Esse professor de Economia, que junto com seu banco ganhou o Nobel da Paz, vem tentando solucionar o problema desde 1976, quando emprestou 27 dólares para 42 mulheres em uma vila perto de sua casa, na cidade portuária de Chittagong.

As mulheres deviam a agiotas que lhes cobravam taxas extorsivas, e o objetivo inicial de Yunus foi o de convencer um gerente do banco local a dar a essas mulheres um crédito regular. Mas o banco disse que isso era impossível sem uma garantia.

Yunus então decidiu mostrar que eles estavam errados. O Grameen – o nome significa vila em bengalês – hoje desembolsa dezenas de milhões de dólares por mês para 6,6 milhões de pessoas, das quais 96 por cento são mulheres.

"Estou muito feliz por ter continuado e porque isso cresceu, virou uma instituição e realmente provou seu valor", afirmou Yunus. "Fizemos algo que colocou uma interrogação em todo o sistema bancário. Os bancos nunca mais serão os mesmos."

FOME MUDOU SUA VIDA

Nascido em 1940 em Chittagong, o centro comercial do que era então o leste de Bengala, ele é filho de um ourives que teve 14 filhos sendo que cinco morreram ao nascer.

Uma fome devastadora que atingiu Bangladesh em 1974, deixando centenas de milhares de mortos, mudou sua vida para sempre. Uma viagem à universidade naquele ano o fez questionar se as teorias econômicas modernas poderiam realmente dar justiça social aos pobres.

"Enquanto as pessoas morriam de fome nas ruas, eu ensinava teorias elegantes de economia", disse ele a Alan Jolis, co-autor de um livro sobre a sua vida, "The Good Banker", em um artigo publicado em 1996 no jornal britânico Independent on Sunday.

"Comecei a me odiar, (a odiar) a arrogância de fingir que tinha respostas", acrescentou. "Nós, professores universitários, somos tão inteligentes, mas não sabemos absolutamente nada sobre a pobreza que nos cerca. Eu decidi então que os próprios pobres seriam meus professores."

NÃO CHORE PELOS POBRES

Yunus tem orgulho de que o microcrédito tenha se espalhado pelo mundo. Se os pobres tiverem o mesmo acesso ao crédito que os ricos, eles vão prosperar, diz.

"Deixe com as pessoas", afirmou à Reuters. "Elas podem tomar conta delas mesmas. Você não precisa derramar lágrimas por elas. Elas são muito capazes."

O Banco Grameen recupera quase 99% de seus empréstimos e os seus clientes não precisam de garantias. Todas as transações são feitas em reuniões públicas semanais em um país em que a corrupção é endêmica.

O Grameen dá empréstimos livre de juros para os muito pobres.

"Por que os pobres não deveriam ter acesso aos serviços financeiros? Por que a tecnologia da informação deve ser privilégio exclusivo dos ricos? Por que não projetar coisas para os pobres?", pergunta Yunus.

Yunus desafia os críticos, estes dizem que seu banco dá empréstimos muito pequenos, e insiste que não está lançando uma guerra contra os ricos, mas que apenas está ajudando os pobres.

"Não me importo se os ricos ficarem mais ricos. Isso não me incomoda. O que me preocupa são os pobres ficando mais pobres e não enriquecendo", diz.

> *Se houver vários Bill Gates no país, não me importo. Levantar a base da sociedade é o mais importante.*

É necessário também atentarmos ao seguinte: as causas atuais das aflições estão parcialmente localizadas na vida presente e outras tantas nas vidas anteriores.

Que o G.·. A.·. D.·. U.·. criou leis que visam à estabilidade do Universo e dentre elas a Lei de Ação e Reação, portanto muitos seres resgatam agora as delinquências passadas ou vivenciam missões específicas, que deverão de fato passar por determinadas situações visando ao aprendizado.

Nesse aspecto, com nossa atitude de querer ajudar, podemos inconscientemente estar interferindo no resgate ou aprendizado necessário daquele espírito.

Friedrich Nietzsche, no livro "Assim falou Zaratustra" de 1885, e que até hoje faz a cabeça da juventude pelo mundo afora, afirmou: "Deus morreu, a bondade não existe, o que existe mesmo é o domínio, o poder que devo exercer sobre o meu semelhante, se eu subjugá-lo, manipulá-lo, poderei tirar muitos proveitos".

Ou Rubens Saraceni, no livro Os Guardiões da Lei Divina, A jornada de um mago:

> *Alguém sempre é o alimento de alguém, e alguém sempre se alimenta de alguém* (p.80).

Dessa forma meus amados Irmãos, a questão ajudar, socorrer não é simples, ela permite análises sobre vários ângulos e em minha opinião está totalmente lincada ao grau de desenvolvimento espiritual atingido por cada um de nós.

Quanto de fato há de honestidade, sinceridade naquele pedido aflito que agora nos apresenta. Naquele ou neste momento é necessário dar de nós mesmos.

Declaraste não possuir dinheiro para auxiliar.

Acreditas que um pouco de papel ou um tanto de níquel te substituem o coração?

Esqueceste de que podes sorrir para o doente e estender a mão ao necessitado?

A flor não traz consigo uma bolsa de ouro e, entretanto, espalha perfume no firmamento.

O céu não exibe chuvas de moedas, mas enche o mundo de luz.

Quanto pagas pelo ar fresco que respiras? O oxigênio cobra-te imposto?

Quanto lhe custa a ternura materna?

As aves cantam gratuitamente.

A fonte que lhe oferece o banho reconfortador não exige mensalidade.

A árvore abre-te os braços acolhedores, repletos de flor e fruto, sem pedir vintém.

A bênção divina, cada noite, conduz o seu pensamento a bendito repouso no sono e não faz retribuição de espécie alguma.

A estrela brilha sem pagamento. O Sol não espera salário.

Por que não aprende com a natureza em torno?

Por que não se faz mais alegre, mais comunicativo, mais doce? Tem fisionomia seca e ensombrada por faltar-lhe dinheiro excessivo e reclama recursos materiais para ser bom, quando a bondade não nasce dos cofres fortes.

Seja irmão de seu irmão, companheiro, amigo de seu amigo.

Na ciência de amar, resplandece a sabedoria de dar.

Mostra um semblante sereno e otimista, onde fores.

Estende os braços, alonga o coração, comunica-se com o próximo, através dos fios brilhantes da amizade fiel.

Muito acima do dinheiro, o que deve prevalecer são as suas mãos amigas e fraternais.

Que importa se alguém não entende o seu gesto de amor?

Que seria de nós, se a mão do Senhor se recolhesse à distância, por temer-nos a rudeza e a maldade?

Por isso, devemos dar de nós mesmos em toda parte, como sinal de agradecimento ao DEUS e aos protetores espirituais que nos inspiram.

Os Maçons Diante da Degradação Ética na Sociedade
(A Decadência dos Costumes e Valores da Nossa Sociedade e as Incertezas do Nosso Futuro)

Irm∴ Fadel David Antonio Filho
Or∴ Rio Claro – SP

Vivemos o segundo decênio do século XXI e observamos, com grande preocupação, o aumento assustador de denúncias de corrupção, falcatruas e todo tipo de abuso moral. A sociedade brasileira vivencia um momento histórico, crucial e decisivo. Ou avançamos, no sentido de extirparmos de vez todo o tipo de abuso criminoso, ou aceitamos passivamente a decadência e a imoralidade que corrompem os nossos costumes e valores. A única coisa de que temos certeza é que precisamos fazer algo para mudar e tornar nossa sociedade mais justa, fraterna e ordeira.

Algum espertalhão sem moral criou o famoso dito de que o brasileiro gosta de "levar vantagem em tudo". É a malfadada "Lei de Gerson". Essa postura virou uma 'virtude nacional' e, não raro, nos deixa em maus lençóis quando aplicada em outros lugares, como em países desenvolvidos social e economicamente. A impunidade e o desrespeito pelo contrato social, através da burla das leis e normas de convívio social, nos conduzem a um esgarçamento do tecido social, cujas consequências nem sequer imaginamos. Temos nosso futuro comprometido.

Um Irmão, Membro da Academia Maçônica Brasileira de Ciências, Letras e Artes, Everaldo Scaini, escreveu na revista do Grande Oriente de Santa Catarina, "O Prumo" (ed. Nº 208 – mar./abr., 2013), um denso artigo que deveria ser lido por todos os Maçons. No artigo em questão: "Corrupção: A Maçonaria contrariada com a impunidade", escreve ele que:

> *A corrupção solerte grassa irrefreada e, com isso urge a adoção de mudanças em nosso país, mas as dificuldades para transformações são de várias ordens, eis que as posturas de uma infinidade de políticos prevaricadores vêm refletindo valores culturais pelos quais, a sociedade desafortunadamente ainda pauta suas importâncias morais. Dentre os nossos óbices basilares devem estar os filhos das eleições. Elas abonam incontáveis políticos discricionários que começam e terminam mandatos impregnados de porções pantagruélicas, desconsiderando as responsabilidades. Eles manipulam tanto a máquina administrativa, quanto os recursos públicos como instrumentos de suas maquinações.* (SCAINI, 2013, p.3)

Desde os fatos mais corriqueiros aos fatos que chegam a vazar nos noticiários, que nos indignam e nos revoltam profundamente, vivenciamos, cotidianamente, com todo tipo de ações pérfidas e criminosas. O troco errado, a cobrança indevida de alguma coisa, o suborno, o pagamento de propina, as transações milionárias com o dinheiro público que é desviado para fins particulares, enfim, são incontáveis fatos que chegam aos noticiários e que demonstram um verdadeiro descalabro e esculacho com o bem comum. E a aplicação das leis? As leis... ora as leis... elas existem, mas o rigor de sua aplicação está longe de atingir os grandes burladores. Elas atingem, sim, os ladrões de galinha, os famélicos que roubam uma lata de sardinha, os pequenos meliantes que roubam trocados.

Somos, certamente, resultado de nossa própria história. Desde os tempos coloniais nos habituamos a conviver com os privilégios, as benesses e com os mais iguais entre os iguais. A começar pelos títulos que enfeitam os cartões de visita dos milhares de "doutores" que, a rigor, e por direito, não são doutores, pois nunca defenderam esse título em uma banca de tese num rigoroso exame acadêmico. Resquícios coloniais. Não se vê isso em sociedades desenvolvidas. O presidente dos Estados Unidos é simplesmente chamado de "Mister President" ("Senhor Presidente") e não "Doutor Presidente". A lei nesses países é rigorosamente igual para todos.

Infelizmente, a maioria dos nossos dirigentes e políticos não estuda a História. Precisariam conhecer a história de Versalhes. Aquele imenso palácio, com seus jardins fabulosos, distante de Paris, abrigava mais de 7 mil pessoas, entre a nobreza (minoria) e os funcionários serviçais (maioria), que viviam alheias da realidade do restante do reino. Viviam numa espécie de "ilha da fantasia" (como Brasília, por exemplo), no luxo e na fartura. Deu no que deu. O povo empobrecido e esfomeado se revoltou e a revolução francesa explodiu, com todas as consequências, ódios e vinganças. Suas Majestades perderam suas coroas e suas cabeças nas guilhotinas da Revolução.

Os sintomas que presenciamos em nossa sociedade são muito semelhantes aos registrados em todas as sociedades decadentes. O Império Romano, no seu crepúsculo, apresentava tanta corrupção, desvirtuamento nos costumes e valores, que foi presa fácil às hordas invasoras dos povos chamados de "bárbaros", vindos de além das fronteiras imperiais. Ficaram as ruínas como lembrança patética dos imponentes tempos áureos.

Giovani Reale, filósofo italiano contemporâneo, escreve que a sociedade moderna está cada vez mais ***"niilista"***, como previa ainda no século XIX o filósofo alemão Nietzsche. Entre as consequências disso, observa ele que, entre outras coisas, há uma intensa valorização do individualismo, da cultura da violência, da perda do sentido do belo e da valorização do tecnicismo e do produtivismo tecnológico.

Num mundo em que a imagem é supervalorizada, a mídia televisiva nos bombardeia com pouquíssima coisa útil e benéfica a nossa mente. A poderosa indústria da publicidade e da informação manipula nossas vontades, nossos desejos e nosso conhecimento. Na nossa sociedade desigual e combinada, o domínio da informação e do saber direciona com muita facilidade as multidões de iletrados, de energúmenos, de despossuídos e de lúmpens. Escrevemos, certa vez, há mais de 10 anos, algo que achamos que continua atual, em artigo para a revista do Departamento de Geociência da Universidade Federal de Santa Catarina, que:

> *Devido aos espaços deixados pelo Estado, cresce o poder marginal das máfias vinculadas ao narcotráfico internacional, penetrando seus tentáculos em todo corpo social, inclusive nos organismos do próprio Estado Nacional, agravando a corrupção e enfraquecendo a ordem social.*
>
> *A globalização, moldada num sistema que visa o lucro e a acumulação de riqueza, vem aprofundando aceleradamente as contradições. O fosso entre ricos e pobres, no estrato social, está claramente expresso no espaço construído, consubstanciando-se em espaços segregados, sejam eles no mundo urbano ou no mundo rural. A deterioração do nível de vida das populações de baixa renda é patente na baixa qualidade da educação oferecida, nos índices negativos de saúde, na falta de moradias dignas e no saneamento básico inadequado.*
>
> *A ausência de cidadania é, assim, resultado da deseducação das populações carentes, produto da baixa qualidade do ensino pelo Estado, que não investe na escola, desmotiva e deprecia o professor.*
>
> *Os efeitos deletérios deste triste quadro se revelam na perda dos valores nacionais, na falta de ética, no individualismo exacerbado, no vandalismo, na depredação ambiental e no crime contra os direitos da pessoa.* (ANTONIO FILHO, 2002, p. 14-15)

A Justiça sofre com o emaranhado de leis que, se por um lado parecem contemplar todos os delitos sociais, por outro facilitam os recursos intermináveis e as várias instâncias que postergam por vários anos as sentenças e deixam impunes ilícitos e crimes sem a devida pena. Em especial os crimes chamados de "colarinho branco". Os meandros jurídicos são tantos que, não raro, prescrevem e deixam impunes os criminosos, especialmente os que têm dinheiro ou pertencem às classes sociais privilegiadas, ou possuem status de privilégio, outorgados por eles próprios, como nossos políticos. Se cometem algum delito, têm foro especial, imunidade parlamentar, apoio corporativo e tantos meios para saírem livres da possível enrascada. E o povo? E o eleitor? Ora, o povo ou o eleitor... que se danem.

ALGUMAS OBSERVAÇÕES PARA A REFLEXÃO

Alguns fatos corriqueiros podem nos dar a dimensão de nossos problemas sociais. Numa recente viagem pela Europa, mais precisamente em Londres, solicitei uma corrida de táxi para voltar ao meu hotel. Para um leigo e turista, principalmente para nós, brasileiros, o sistema monetário inglês traz certa dificuldade com relação ao uso das moedas, pois as mesmas não apresentam números que as identifiquem. O valor é representado pelo tamanho da moeda. Como eu tinha um certo número de moedas para pagar o táxi, apresentei-as ao motorista e ele retirou tão somente o suficiente para pagar a corrida. Não usou a "Lei de Gerson".

Outro fato interessante nos chama a atenção, os protestos e passeatas que explodiram na ruas das cidades brasileiras em junho de 2013. Vão mudar alguma coisa? Acredito que, no início, os nossos políticos e dirigentes ficaram com certo receio, mas logo voltaram às suas rotinas e certamente apostaram no esquecimento que o tempo se encarregaria de realizar. Alguns estudiosos em movimentos sociais acreditam que tão somente os protestos de rua não serão capazes de realizar nenhuma mudança profunda na sociedade brasileira. Há necessidade dos grupos sociais se organizarem e se articularem politicamente, inclusive dos partidos políticos atingirem o poder e tentar moralizá-lo. Infelizmente o que temos visto é a cooptação. Quem chega ao poder, seja qual nível for, esquece rapidamente a que veio. Os dilemas e demandas do povo são relegados ao segundo e terceiro planos. Para moralizar o sistema político brasileiro é preciso moralizar primeiramente o político brasileiro. Não significa que todos os políticos, sem exceção, são corruptos. Existem certamente políticos que fazem política com seriedade, mas são minorias ou são diluídos por uma maioria que se chafurda no mar de lama de nossa política em todos os níveis. Esqueceram Versalhes, esqueceram a Primavera Árabe, esqueceram a História.

Ainda nosso Irmão Scaini escreve:

> *Com isso, vivemos um embuste contínuo, carente de ética, com um povo a cada dia mais cansado de promessas que não se cumprem, refém de uma classe política corrupta e protegida pela obtusa lei da improbidade, pela deslavada imunidade parlamentar e o foro privilegiado, que trazem em seus bojos contradições que ferem a igualdade inerente a um sistema efetivamente democrático.* (SCAINI, 2013, p.4)

O pior de tudo são as consequências da corrupção, em especial quando articulada por políticos e agentes do Estado. O desvio de dinheiro na casa dos milhões ou bilhões, para fins particulares ou privados, afeta investimentos na melhoria da saúde, da educação, na infraestrutura de transportes públicos, na segurança pública e em tantas áreas que, certamente, beneficiariam a todos.

Alguém já afirmou que, se a corrupção no Brasil fosse quase inexistente, nosso país seria o melhor do mundo. Aqui temos a melhor comida, o melhor clima, a maior área agricultável do planeta, água em abundância, nenhum registro de catástrofe de origem tectônica (terremotos, vulcões, tsunamis...).

Mas as catástrofes que se abatem em nosso país, as enchentes ou as avalanches de pedra e lama de morros desmantelados pelas chuvas torrenciais, que ceifam milhares de vidas, todos os anos, servem para medir o grau de falta de ética de uma sociedade que se diz solidária e cordial, como a nossa. Um exemplo é o que ocorreu no estado do Rio de Janeiro, em 2011, na região serrana, a qual até hoje (2013) ainda não voltou à normalidade. As cicatrizes da tragédia ainda estão visíveis nas encostas dos morreados e no fundo dos vales assoreados pela avalanche de pedras e lama. Muitos corpos das vítimas não foram encontrados até hoje. Muito dinheiro e donativos desviados para fins particulares. Muitos corruptos e sem nenhum ética ou escrúpulo se aproveitaram da tragédia e do sofrimento das vítimas para se locupletarem.

Outra observação que fazemos é quanto ao desleixo e à pouca atenção dos nossos governantes no que diz respeito aos símbolos nacionais. Não há mais homenagem ao pavilhão nacional nas escolas, como antigamente. Não se canta mais o hino nacional como parte da educação cívica do povo. Virou canção de estádio de futebol. Em qualquer pequena escola dos confins do Paraguai, diariamente, os alunos homenageiam sua bandeira e entoam seu hino nacional. Na Argentina, não vi uma só banca de jornal que não ostentasse a bandeira nacional. Nosso patriotismo só surge quando a seleção de futebol joga contra um time estrangeiro. Nas passeatas e nos protestos de junho de 2013 voltou a surgir nossa bandeira e ouviu-se o hino nacional entoado pela multidão. Mas o civismo foi esquecido nas escolas, o patriotismo virou algo fora de moda, que lembra o período dos governos militares e, portanto, deve ser esquecido, relegado como algo funesto. Infelizmente, pois a Pátria não pertence a um grupo, mas sim a todos os brasileiros. Ela é perene, independe do tempo. É o nosso passado, nosso presente e nosso futuro. Perder esse parâmetro é caminhar para a morte do povo e da própria Pátria. E um dos sintomas mais claros de decadência é considerar patriotismo um anacronismo. Pensemos nisso.

E o que fazer para mudar essa situação? Muitos países sofreram lutas internas, guerras e revoluções intestinas e secessões para, enfim, se depurarem. Basta rever a História. Será que precisaremos de algo assim?

E OS MAÇONS? O QUE DEVEM FAZER FRENTE A TUDO ISSO?

A busca por uma sociedade mais justa e perfeita passa necessariamente pela ética social. Com base nas palavras do Irmão Rodolfo Feuser Gruner, em artigo na revista "O Prumo" (ed. Nº 209, maio/jun., 2013), temos que:

> *Ética pode ser definida como parte da filosofia que estuda os valores morais e os princípios ideais da conduta humana. É a ciência que tem por objeto o estudo científico e filosófico sobre os costumes ou as ações humanas, ou, em resumo, é o estudo do comportamento moral dos homens em sociedade.*
>
> *Busca a ética direcionar as relações entre os seres humanos e seu modo de ser, de pensar e, principalmente, de agir dentro de um determinado contexto. Em resumo, podemos dizer que comportamento ético é aquele que é considerado adequado, correto e permitido por uma organização.* (GRUNER, 2013, p.38)

A primeira reação legítima de um Maçom – que antes de tudo é um homem ético – é a INDIGNAÇÃO. Indignar-se com a violência praticada como algo banal, ou como diria a filósofa Hannah Arendt (1906-1975), a "banalidade do mal", ou seja, considerar a prática da violência, qualquer que seja, física ou não, como uma "normalidade burocrática". O corrupto ou o mandante do crime, ou mesmo o assassino, não é mais visto como um "monstro" ou um "criminoso" que infringiu a lei, mas apenas uma pessoa que praticou a violência como uma ação qualquer, com "normalidade", como se fosse a rotina de quem toca sua vida olhando apenas seu umbigo e pensando apenas no seu sucesso pessoal. A "banalidade do mal" é caracterizada pela violência que se repete quando cada ser humano, em todo o mundo, não luta contra ela e se limita a elogiar quem luta (PRADO, 2013). É o governante, seja ele prefeito, vereador, governador, deputado, senador ou Presidente da República, ou mesmo um empresário mancomunado, que desvia o dinheiro do contribuinte para seu próprio benefício, enquanto há necessidade urgentíssima desse mesmo dinheiro para salvar vidas ou para fazer alguma obra impreterível em prol da coletividade, em geral dos mais necessitados. Isso é também a "banalidade do mal". A insensibilidade e a ganância se sobrepõem sobre a solidariedade e o altruísmo. É o homem se transmutando em fera, em "monstro". É o fim de nossa humanidade.

Desta forma, o homem Maçom deve se adequar aos princípios da Maçonaria. Para isso, é necessário conhecer a Constituição Geral da Ordem, os Antigos Deveres (Old Charges), os Landmarks e os Regulamentos de sua Potência e de sua Loja. Ainda como diz o Irmão Gruner,

> *A Maçonaria, instituição onde se estuda e se trabalha para a construção da sociedade humana, proclama que se deve lutar pelo princípio da equidade, dando a cada um o que for justo, de acordo com sua capacidade, obras e méritos, além de considerar o trabalho lícito e digno como dever primordial do homem.* (GRUNER, 2013, p.38)

Num mundo em que campeia a corrupção, a falta total de ética e todo o tipo de burla do contrato social, o Maçom deve ter uma postura diferenciada, servir de exemplo de correção de conduta, de honradez e honestidade. Na família, na atividade profissional e no convívio social, ou se é Maçom ou não se é. Não há meio termo.

CONSIDERAÇÕES FINAIS

Entendemos, perfeitamente, a árdua luta do homem Maçom para não se deixar contaminar pelos apelos e "facilidades" que surgem de todos os lados, para cooptá-lo e transformá-lo em mais um elemento dócil, porém sujeito a ser levado a praticar atos antiéticos. Ser Maçom é se transformar num novo cavaleiro templário dos tempos modernos e lutar diuturnamente contra as ignomínias que assolam nossa sociedade. A indignação que devemos sentir contra o mar de lama que, como uma maré alta, vem afogando nosso país, deve ser transformada em ações concretas, por todos os meios possíveis, de modo a atacar, destruir e se impor frente à devassidão, à corrupção, à esperteza tétrica dos que agem como se suas ações criminosas fossem algo "normal".

A Maçonaria, neste sentido, é uma "ilha de recarga" dos valores morais perdidos pelo mundo Profano. Semanalmente nos recarregamos nos nossos encontros e voltamos ao mundo Profano com a energia suficiente para lutarmos contra todos esses desvios que levam à decadência nosso modo de vida, nossos valores mais basilares e nosso legado às futuras gerações.

REFERÊNCIAS

ANTONIO FILHO, Fadel David. *Globalização: para quem?*. In: GEOSUL (revista do Departamento de Geociências – CFH), Florianópolis: Da UFSC (v.17, n.33, jan./jun, 2002, p.14-15).

GRUNER, Rodolfo Feuser. *Princípios Éticos da Maçonaria*. In: O PRUMO, ed. n. 209 – maio/jun. 2013, p.38.

PRADO, Antonio Carlos. *O Católico Francisco e a Judia Hannah*. In: **ISTOÉ**, n. 2280. 30/07/2013, p.106.

REALE, Giovani. O *Saber dos Antigos – terapia para os tempos atuais*. São Paulo: Loyola, 1999.

SCAINI, Everaldo. *Corrupção: A Maçonaria Contrariada com a Impunidade*. In: **O PRUMO**, ed. n. 208, mar./abr. 2013, p.3-4.

Ética: Uma Visão Naturalista

Irm∴ Marcos A.P. Noronha
Or∴ Brasília – DF

Porque Deus não nos tem designado para a ira, mas para a aquisição da salvação por Nosso Senhor Jesus Cristo.
Paulo (I Tessalonicenses, 5:9)

I – PREÂMBULO

A temática em torno da Ética, não obstante não ser um assunto novo e nem original, está muito em voga no momento, com várias organizações procurando estabelecer seus códigos de ética ou de conduta, mercê, com toda a certeza, dos desatinos que temos presenciado nos últimos tempos.

As iniciativas das instituições, principalmente as do governo, em criar os citados códigos e obrigar seus membros a cumpri-los, são, obviamente, válidas, mas parece-nos que a questão é muito mais cultural. Assim, o processo de mudança é lento, não se atinge resultados em curto prazo, como normalmente ambiciona o governo, podendo ser acelerado, relativamente, com programas educacionais de amplo aspecto, buscando atingir a todos os cidadãos.

Para uma provocação inicial sobre o tema, poderia ser indagado: como distinguir se uma dada conduta é ética ou não? Em princípio, bastaria recorrer ao discernimento, à consciência, à razão de que todos somos dotados. No entanto, é preciso que a ação possa ser universalizada para ser considerada ética. Nas condutas individuais é comum que se recorra ao princípio do "que importa é ser feliz", em que um ser humano vê o outro como um meio, e reivindica para si um benefício, uma exceção à regra que obriga os demais.

Dessa forma, o objetivo deste Trabalho é apresentar uma visão naturalista do aspecto ético, haja vista que poderíamos separar dois macros aspectos do Direito: o direito humano, regulamentado pelo homem, e o direito natural, com origem divina.

Atualmente em nosso país, como de resto em todo o mundo, se utiliza muito o termo *Ética*. Proclama-se insistentemente a necessidade da ética na política, da ética profissional, da ética nas relações pessoais. A invocação recorrente da ética parece indicar que vivemos nas sociedades, notadamente nas ocidentais, algum problema ou incômodo relacionado ao assunto.

Não é o caso de discutir de maneira ampla a crise ética contemporânea. Mas é preciso esclarecer de antemão que a noção de ética não se resume à mera enunciação ou aceitação de condutas adequadas. A ética, na condição de disciplina filosófica, se caracteriza pela reflexão racional a respeito dos valores que devem permear a conduta humana na convivência social. Dessa reflexão (e discussão) pode surgir, sim, uma *práxis*[1] socialmente saudável, em que haja respeito aos seres humanos e à coisa pública e, consequentemente, maior satisfação pela sociedade, de um modo geral.

Para os cidadãos de um modo geral (mas pode-se incluir os Maçons de um modo particular), a tarefa que se coloca é, além de cumprir os dispositivos previstos no ordenamento jurídico do Estado brasileiro, adotar um comportamento alinhado com princípios e valores comuns e aceitos consensualmente, adequados à harmônica

---

[1] Palavra grega que significa atividade, tarefa. Na tradição filosófica a práxis não se limita a uma mera prática: é prática refletida. Representa, na verdade, a articulação entre teoria e prática.

convivência social. Boa parte desses princípios e valores está expressa na Constituição Federal, em particular nos primeiros artigos, que tratam dos princípios fundamentais da República Brasileira e dos direitos e garantias fundamentais dos cidadãos.

Iniciou-se, na administração pública brasileira, mais particularmente no Poder Executivo Federal, desde os anos 90 do século passado, um esforço em explicitar e formalizar a conduta ética dos seus agentes. Este empenho se coaduna com a atenção para o tema por parte de organizações internacionais, como se tem presenciado. Essas instâncias possuem idêntico objetivo, qual seja, estimular e disseminar a conduta ética dos integrantes das administrações públicas, mas também provocar a reflexão na sociedade de um modo geral.

II – INTRODUÇÃO

Mesmo não sendo um tema original, conforme dito, e, portanto, não se trata de tese acadêmica, entendemos ser oportuno, previamente, apresentar alguns conceitos vinculados ao tema.

ETIMOLOGIA:

Há duas palavras gregas, parecidas, que explicam o sentido etimológico de Ética: *ethos* e *éthos*.

Ethos significa *costume*. Refere-se a usos e costumes de um grupo. Nos grupos humanos primitivos os costumes são decisivos para a conduta dos indivíduos. Nesse estágio, a moral e o direito são os costumes. A Ética do grupo é também a Ética dos indivíduos. O modo de ser do grupo é o modo de ser de cada indivíduo.

Costumes, plural, em latim é *mores*. De *mores* vem *Moralis – Moral*, palavra com que Cícero traduziu a palavra grega *éthicós*. O comportamento ético representa uma conduta moral adequada em relação à sociedade (não só em relação ao ser humano, mas também ao meio ambiente, à coisa pública etc.).

O grupo impõe os seus costumes ao indivíduo visando à

exterioridade da Ética. A sociedade dita as normas de conduta intersubjetiva. Ao inculto, é preciso que se lhe diga o que deve fazer e o que não deve fazer para o bem-estar social. A norma, originada dos costumes, visa a ação exterior; por exemplo — não mate, não roube, não estupre... Quando a consciência moral dos indivíduos for mais cultivada, quando os indivíduos possuírem critério interior próprio, a Ética interiorizar-se-á; como, por exemplo, na citação de Sto. Agostinho: "*Ama, et fac quod vis*" — Ama e faz o que quiseres.

Éthos significa *domicílio,* moradia. É a morada habitual de alguém, o país onde alguém *habita.* Passou a designar a maneira de ser *habitual,* o caráter, a disposição da alma. Caráter é marca, sigilo, timbre ou disposição interna da vontade que a inclina a agir *habitualmente* de determinada maneira. *Hábito,* para o bem ou para o mal, virtuoso ou vicioso, é quase segunda natureza, fonte de atos. (Hábito é efeito de atos, pois a repetição de atos causa o hábito; mas, uma vez adquirido, o hábito torna-se causa de atos).

Pois bem, etimologicamente, *Ética*, seja de *ethos* seja de *éthos,* as duas palavras são parentas, chega-se ao mesmo sentido — via *costumes* ou via *morada habitual.* Os dois caminhos levam à *conduta* humana.

DEFINIÇÃO:

Ética não se restringe à descrição de costumes ou hábitos de diferentes povos. Esta descrição seria Etiologia ou Etnografia. O objeto real da Ética vai além do sentido etimológico. (Como Economia — etimologicamente é apenas administração da casa — na realidade a Economia ocupa-se de questões que vão muito além da casa). A Ética procura princípios que dirijam a consciência na escolha do bem e concentra sua atenção na vontade humana (como a lógica, na inteligência), porque o objeto da Ética é o ato humano, e o ato humano é produzido pela vontade.

O ato, objeto da Ética, é o ato *humano,* ato específico do homem, ato que distingue o homem dos outros seres. Os outros atos

(atos do homem) são realizados pelo homem, mas não enquanto homem, apenas enquanto ser biológico ou animal. O homem nasce e cresce por forças inatas, necessárias, por determinismo natural. Destas ações não se ocupa a Ética.

O *ato humano* deve ser considerado como ato voluntário e livre. Não é voluntário o ato espontâneo e necessário. Vontade é tendência racional; só há vontade em seres racionais. Por isso o ato voluntário supõe que a inteligência teve conhecimento prévio do objeto que se apresenta à vontade. É necessário este conhecimento para que o ato seja humano.

A *liberdade* acrescenta o domínio da vontade sobre o ato, de tal maneira que possa *escolher* entre agir e não agir, ou agir desta ou daquela maneira, isto é, possa escolher entre este ou aquele ato.

O *objeto material* da Ética é o ato humano, ato voluntário e livre, qualquer ato involuntário e não livre não é ato humano e, portanto, não é objeto da Ética.

O *Objeto Formal* é o ponto de vista sob o qual uma ciência encara o objeto material. O homem é objeto material de muitas ciências: Antropologia, Psicologia, Filosofia, Medicina etc. O que distingue uma ciência da outra é o objeto formal. — O corpo humano é objeto material da Anatomia, da Fisiologia, da Medicina, etc... Mas cada uma destas ciências estuda o mesmo objeto material — o corpo humano — sob o ponto de vista da estrutura, do funcionamento dos órgãos, de saúde, etc...

Pois bem, o objeto material da ética — o *ato humano* — é objeto material também de outras ciências: Psicologia, Psiquiatria, Sociologia, Política, entre outras. Mas é diferente o objeto formal. A Psicologia estuda o aspecto funcional da vontade e seus atos. A Ética estuda o aspecto moral do ato humano e de toda a atividade humana: o bem e o mal, o honesto e o desonesto, o justo e o injusto, o virtuoso e o vicioso.

Mas para julgar o aspecto moral dos atos humanos é preciso

ser portador de critérios, princípios e normas que sirvam para distinguir o bem do mal; o justo do injusto, a virtude do vício.

RESUMINDO:

- A Ética procura definir o bem e o mal moral;
- Procura determinar princípios e normas éticas;
- Que levem o indivíduo a cumprir com seus deveres e ordenar seus atos.

III – DESENVOLVIMENTO

Veja, na criança, o futuro da humanidade.

Mantenha-se, por isso, solidário com os trabalhos que visem a beneficiá-las.

Lembre-se de que cada criança poderia ser um filho querido de seu coração.

Colabore na recuperação das crianças desajustadas, sobretudo mediante seu exemplo dignificante e nobre.

Em todos os setores, a criança é sempre o futuro, e por isso precisa ser atentamente ajudada em suas necessidades.

C. Torres Pastorino

III – 1. CONSIDERAÇÕES GERAIS

A partir dos conceitos apresentados na introdução, podemos definir o objeto formal da Ética recorrendo ao conceito de *valor.* Valor é a qualidade que faz estimável alguma coisa. (Procuramos utilizar a definição objetiva para fugir da polêmica Teoria dos valores – Subjetivismo). Valorização não é necessariamente sentimento humano subjetivo; por ter sentido de perfeição e de bem; cai então sob o domínio da Ética.

A realidade em si é aética. As coisas, os objetos não têm moralidade. Eticidade ou moralidade supõe liberdade e voluntariedade. Moralidade é a relação do ato humano com a diretriz ética.

Compete à Filosofia a compreensão da realidade; e toda realidade está sujeita a juízos de *valor.* A Filosofia é a consciência de toda a atividade humana, indica-lhe diretrizes para a produção de realidade mais *valiosa,* e por isso a vê sob o duplo prisma de ser e *de valer:* o que é e o que *vale,* o que é e o que deve ser. A Ética quer ser a ciência crítica dos valores universais válidos. Universais também se de fato não podem ser aceitos por todos. Uma coisa não é verdadeira, boa, bela porque a mim assim agrada. "Não há valor estritamente individual: os juízos de valor são sempre coletivos" (Mentré).

Toda atividade humana é imantada por valores e é necessariamente *axiológica.* O sujeito da Ética é o homem e os homens se distinguem pelos valores que vivem. Antes de assumir formas objetivas a atividade humana é projetada subjetivamente por homens que vivem determinados valores. Ao objetivar-se realizam valores. Valorização do mundo através da criação intelectual, ética, estética.

A Ética procura um pensamento que tenha valor absoluto de verdade. Procura um querer e um agir que tenha valor absoluto de *bem.* Os valores singulares são necessariamente históricos e relativos. O singular pode ser verdadeiro, mas não é a verdade; pode ser bom, mas não é o bem.

A Filosofia aponta para valores universais e absolutos, mesmo sabendo que são humanamente inatingíveis. A Ética se propõe a indicar um valor universal para toda a atividade humana, um bem que tenha valor sempre, um valor-guia para todos os atos humanos.

Deve ser salientado que Ética não é ciência mecânica, não é técnica que se aprende, põe-se a funcionar e funciona. Nem é ciência, como a lógica, voltada para a inteligência: aprende-se, põe-se em prática, é eficiente. A Ética dirige-se à vontade, ao âmago do ser humano, à consciência. Mais do que ciência, Ética é sabedoria.

Supõe o saber, *mas é o que fica quando se esquece tudo o que se aprendeu.* Permanece o caráter, o hábito, que, se for bom, é virtude.

Da Ética ocuparam-se todos os filósofos, também os pré-socráticos por Aristóteles considerados físicos e fisicíssimos. Mesmo ocupando-se mais de Cosmologia do que de Antropologia, como Pitágoras e pitagóricos, como Leucipo e Demócrito, os mais físicos de todos, enriqueceram a humanidade com os mais elevados ensinamentos éticos.

Da Ética ocupou-se a vida inteira Sócrates.

Sobre a Ética discorreu Platão em todos os seus diálogos. Aristóteles legou-nos quatro tratados de Ética. E quando morria Aristóteles, nascia Zenão de Cício, o fundador do Estoicismo, que reduziu toda a Filosofia à Ética.

No entanto, ainda nos dias atuais, a afirmação de que verdades e valores são relativos costuma assustar ou, no mínimo, causar estranheza. Sem dúvida, o bem do homem é objetivo, absoluto em si mesmo. Assim como a verdade sobre o homem. Porém o que sabemos sobre o bem do homem, isto é, o conhecimento que temos sobre ele, hoje, é relativo.

Relativo não é sinônimo de mentiroso, duvidoso. É apenas o antônimo de absoluto. Não está em questão, portanto, o bem do homem, ou a verdade do homem, mas apenas a capacidade de indivíduos ou instituições de proclamarem-se portadores incontestes da verdade final sobre o bem do homem, num dado momento da história. Ao contrário, ao longo da história humana, inúmeros sábios (e por isso foram sábios) mostraram-se dispostos a rever posições tidas como verdadeiros valores tidos como válidos, diante de novas exigências da vida ou evidências da razão. A razão serve à vida, e não o contrário.

Com efeito, hábitos/costumes e acordos, isto é, a moral e a lei de um grupo, desenvolvem-se em função da interpretação do que é considerado verdadeiro e válido para esse grupo. Moral e lei estabelecem-se como instrumentos auxiliares da realização individual, limitados à dimensão de verdade de que certo grupo é histórica e socialmente portador. O agir de um grupo segue seu modo de conhe(ser).

A dinâmica da vida de cada grupo humano irá gradativamente suprimir certas necessidades, manter outras, criar outras tantas mais. Ou seja, novas exigências existenciais sempre se apresentarão. Certas diretrizes contidas na moral e na lei poderão, então, se tornar desnecessárias; outras continuarão válidas e outras ainda faltarão. É mister que o grupo refaça, periodicamente, o conjunto de diretrizes, para que a moral e a lei não se tornem inúteis ou insuficientes, desgastadas pelo tempo.

É nesse contexto que se faz necessária a Ética. Ética é uma ciência – reflexão sobre a ação humana -, que tem por objeto a moral e a lei – referencial da ação humana -, e pretende aprimorar as atividades (realizadoras de si) desenvolvidas pelos indivíduos, pela busca do excelente. A excelência de uma ação é julgada em função do conteúdo de justiça a que pode dar oportunidade. Por isso, ética não impõe moral e lei, mas propõe rumos possíveis para o aperfeiçoamento de ambas.

Ainda assim, a Ética tem sido utilizada como fundamentação e como justificativa para comportamentos morais desejados como úteis, ou convenientes. Sanchez Vasquez aponta que por causa de seu caráter prático, enquanto disciplina teórica, tentou-se ver na ética uma disciplina normativa, cuja função principal seria a de indicar o comportamento melhor do ponto de vista moral.

A caracterização da Ética como disciplina normativa pode levar, e no passado frequentemente levou, a esquecer de seu caráter propriamente teórico. Certamente, muitas éticas tradicionais partem da ideia de que a missão do teórico, nesse campo, é dizer aos homens o que devem fazer, ditando-lhes normas ou princípios pelos quais devem pautar seu comportamento.

O ético transforma-se assim numa espécie de legislador do comportamento moral dos indivíduos e da comunidade. Mas a função fundamental da ética é a mesma de toda teoria: explicar, esclarecer ou investigar uma determinada realidade, elaborando os conceitos correspondentes. A pretensão de formular princípios e normas universais, deixando de lado a experiência moral histórica, afastaria da teoria precisamente a realidade que deveria explicar.

III – 2. ÉTICA DA LEI NATURAL

III – 2.1. PRELIMINARES

Os recentes progressos das ciências da vida (biociências) criaram uma série de situações desusadas, nas quais as pessoas tiveram de tomar decisões numa grande variedade de situações relativas à moralidade das mais variadas formas de ação. Antes de considerar a qualidade moral dessas diferentes escolhas, é necessário que tenhamos uma clara compreensão do que é moralidade e do que significa o bem ou o mal, do ponto de vista moral.

Devemos ser guiados por princípios eticamente válidos, para decidir se as decisões são morais, quer em circunstâncias ordinárias, quer em circunstâncias extraordinárias. Em outras palavras, se não procedermos assim, o nosso discernimento moral ressentir-se-á de base sólida, e faltará um consentimento lógico na aceitação de opiniões contrárias.

Estas considerações preliminares sobre princípios morais, a serem aplicados nas ciências da vida, serão tratadas superficialmente e ficarão limitadas aos problemas éticos fundamentais. Assim, para um estudo mais detalhado destes princípios, recomendamos a leitura de algumas obras que tratam exclusivamente dos problemas básicos da ética.

III – 2.2. O BEM

Que significa definir algo como moralmente bom ou moralmente mau? Usamos palavras para significar a realidade. As várias línguas concordam em usar palavras diferentes para definir uma determinada realidade, de modo que se possa estabelecer uma comunicação mútua.

Palavras são Símbolos, que substituem a realidade, como, por exemplo, o cavalo, a árvore, a lua, o sol etc. Pois bem, o termo bom também está em lugar de uma realidade. Essa realidade, por ser abstrata, não é tão facilmente percebida como a árvore ou o cavalo. Verdade, justiça, beleza e bondade são termos que expressam realidades que, definitivamente, significam algo para nós, mesmo que tenhamos convicções muito firmes sobre estas realidades e mesmo que encontremos dificuldades em descrevê-las claramente.

Os filósofos tentam determinar, com exatidão, a realidade existente por detrás destas palavras. Um grande número de definições de tais termos nos foi legado ao longo da História. Algumas delas são contrárias, entre si, mas, no caso da bondade moral, muitos concordam a respeito de certos fatores comuns que são apresentados como elementos essenciais de bondade. Apresentaremos a seguir, um breve apanhado dos mais importantes pontos de vista sobre o assunto, com a esperança de que a comparação de diferentes sistemas morais nos ajude a encontrar um que seja convincente.

III – 2.2.1. O BEM NATURAL

Qual é a realidade contida no conceito moralmente bom? Antes de responder a esta pergunta, será de utilidade examinar o sentido mais geral do termo "bom".

Quando o agricultor afirma que a chuva é boa, ele relaciona a bondade da chuva com o crescimento de sua plantação. Chuva demais seria um mal, porque faria com que as plantas apodrecessem. O esquiador considera a queda abundante de neve como boa, porque lhe dá a possibilidade de esquiar. O chofer de carro considerará a neve como má, porque ela dificulta a sua viagem ao local de trabalho. Exercício físico moderado é julgado bom, porque é útil à saúde. Excesso de exercícios físicos, por outro lado, pode ser mau, porque pode prejudicar a saúde.

Assim, pode-se concluir que, nessas circunstâncias, bom significa qualquer ação ou qualquer objeto que contribua para a consecução de um objetivo desejável, com valor relativo. Este objetivo pode ser escolhido por nós, como no caso do esquiador, ou causado pela natureza, como no caso da saúde e do crescimento das plantas. Esta consideração significa que a bondade é baseada numa relação especial e constituída por esta.

Pode-se, porém, explorar mais ainda o significado do termo "bom". O agricultor pode dizer que sua colheita foi boa, e isto sem referência a seu lucro financeiro ou sem referência ao fato de ganhar um prêmio. A sua colheita é boa quando ela se desenvolve plenamente em sua capacidade, ou quando ela está de acordo com sua natureza. Um carro é julgado bom quando todas as suas partes estão em ordem e funcionando de acordo com o plano. A colheita e o carro são considerados, neste caso, em si mesmos, no sentido de saber que eles são completos e preenchem, perfeitamente, a sua natureza e finalidade. Poder-se-ia dizer que sua realidade atual é comparada com sua natureza ideal e é julgada sob o ponto de vista de sua maior ou menor proximidade do ideal a ser alcançado.

III – 2.2.2. O BEM MORAL

Em matéria de ética, interessa-nos a bondade do homem, e não a bondade de plantas ou máquinas. O conceito de moralmente bom é usado para o especificamente bom, sob o ponto de vista humano. Um homem bom é uma pessoa que é boa em sua humanidade e não apenas em alguma habilidade, como, por exemplo, no esporte, na cirurgia. Um grande esportista não é, necessariamente, um homem bom. Há um consenso geral de que não nascemos moralmente bons ou maus, mas crescemos, tornando-nos bons ou maus, através de ações bem ou mal feitas.

Um ato especificamente humano difere de uma ação animal, pelo fato de que ele é feito deliberadamente, isto é, com liberdade de escolha e com conhecimento da finalidade do ato. O resultado de um ato livre e consciente implica responsabilidade; o ato é imputado a um agente livre. Um tribunal inocentará uma pessoa, se for provado que ela não era um agente livre e consciente em determinada violação legal.

Poderíamos fazer a seguinte pergunta: se nos tornamos pessoas boas através de boas ações, qual é a qualidade específica do ato humano que o torna bom ou mau?

Vimos que os objetos são considerados bons, em sentido geral, se eles contribuem para o crescimento de um ser, ajudando-o a conseguir a totalidade de seu ser. Não nascemos como pessoas completas, mas como seres humanos incompletos, com uma série de potencialidades características.

Podemos, no caso, tentar conseguir a perfeição humana, enquanto crescemos. Algumas ações são consideradas como fatores que desenvolvem a nossa humanidade; outras ações nos impedem de nos tornarmos equilibrados e perfeitos.

A cortesia e a sinceridade, por exemplo, ajudam a nos darmos bem com os outros, de acordo com uma certa cooperação social, que é necessária para o nosso crescimento como seres humanos. A falta de controle sobre nós mesmos, o comportamento antissocial, a mentira, o roubo, por outro lado, nos degradam em nossa humanidade (nos aviltam em nossa qualidade de seres humanos).

A questão fundamental, num julgamento ético, é determinar um critério pelo qual determinamos quais são as ações que contribuem para a consecução da plenitude do ser humano, quais as ações que nos completam como seres humanos ou, em outras palavras, quais as ações que são moralmente boas.

As teorias de ética que se desenvolveram ao longo dos séculos se distinguem umas das outras por seus critérios de moralidade, que elas, explícita ou implicitamente, professam. Estes critérios, de alguma forma, sempre se definem em termos de teoria sobre o que é o homem, em sua humanidade. Voltamos, agora, nossa atenção para os critérios éticos fundamentais propostos por diferentes filósofos e que são relevantes em nossa busca de uma moralidade-padrão e válida.

MORALIDADE E EMOÇÕES:

Muitos julgam a bondade e a maldade de uma ação pelo critério do gostar ou não de alguma coisa. As suas emoções e seus sentimentos determinam o que eles consideram bom ou mau. Uma variedade sofisticada de filosofias deste tipo de abordagem foi proposta por Alfred Jules Ayer, nascido em 1910, em sua *Teoria Emotiva.*

Moralidade, conforme essa teoria, seria algo subjetivo, uma vez que dependeria dos diversos sentimentos e emoções do indivíduo que age. A definição moral não tem base racional, porque, simplesmente, é expressão de uma reação emocional. Charles L. Stevenson (nascido em 1908) é, porém, de opinião que o conteúdo emocional de um julgamento moral não é inteiramente irracional. Podemos encontrar algumas razões para os nossos gostos e desagrados e, assim, os nossos julgamentos morais têm fundamento objetivo.

Parece que uma reação puramente emocional como base de um julgamento moral não pode ser um critério de moralidade que satisfaça. Atitudes emocionais não fazem com que um ato seja bom ou mau. Se este fosse o caso, um bandido, um estuprador e um ladrão poderiam dizer que estão praticando atos bons.

Se concordarmos, como faz Stevenson, que nossas reações morais, nossos gostos e desagrados têm base racional, esse fundamento racional deve ser comprovado, para que se chegue a um critério de moralidade válido. Parece que este caminho nos levaria a deficiências e necessidades objetivas da natureza humana. Donde se conclui que o critério da reação emocional subjetiva, como base do julgamento moral, deve ser descartado.

III – 2.3. A ÉTICA DA LEI NATURAL

Muitas teorias éticas tomam por base, imediatamente, a natureza humana como critério de moralidade. O elemento comum dessas teorias é a posição que afirma que nós nascemos como seres humanos incompletos, mas que temos potencialidades específicas que nos capacitam a aproximar nossa natureza para mais perto de sua plena realização ou complementação, e, dessa maneira, tornamo-nos pessoas boas. Daí serem esses sistemas chamados de teorias de autorrealização.

O bem moral para o indivíduo consiste em ações que o levam para mais perto do ideal possível da natureza humana. Somos obrigados, por nossa própria natureza, a realizar o que é genuinamente humano em nós e evitar ações que nos "desumanizem". Temos um sem número de potencialidades que formam as características próprias dos seres humanos. A ética tem a tarefa de estudar e esclarecer tais características, de modo que possa determinar o que é genuinamente humano e, portanto, o que é moralmente bom.

Platão (429-347 a.C.) supunha que existia um mundo de formas "ideais" – arquétipos perfeitos de qualquer espécie de ser. Todas as coisas no mundo participam das formas ideais, por sua maior ou menor semelhança. Existe, também, um arquétipo ou forma ideal do homem. O nosso intelecto nos une, de alguma forma, com essa forma ideal e nos orienta em nosso modo de proceder, para atingir a natureza perfeita do homem. A vida moral consiste em desenvolver nossa natureza, de modo a torná-la sempre mais semelhante à forma ideal do homem.

Aristóteles (384-322 a.C.) rejeitou a teoria de Platão, que afirmava existir um mundo de formas ideais. Segundo ele, ideias universais ou essenciais não existem separadamente, mas elas se integram em cada ser, concretamente existente. A essência de um ser é um princípio real que faz com que um ser seja o que ele é. A essência ou a natureza de um ser é a causa e a origem de suas atividades.

Todos os seres podem ser classificados de acordo com sua essência específica ou natureza: reconhecemos os seres segundo sua natureza específica. Não podemos ver ou apalpar a natureza das coisas. Podemos, porém, concluir sua existência através de suas atividades. Percebemos o crescimento e as atividades específicas de espécies diferentes de seres e sabemos que deve haver uma energia, uma causa que explique tais ações. Os efeitos devem ter sua causa. A semente de carvalho sempre produz um carvalho. Uma macieira sempre produz maçãs e não cerejas. Aristóteles chamou a origem das diferentes atividades dos seres de forma substancial.

A ciência moderna se baseia na hipótese de que a natureza dinâmica das coisas explica as suas operações, ações e reações. A pesquisa científica tenta, a seu modo, penetrar nos mistérios da natureza das coisas. O que faz com que o ouro seja ouro, que o urânio seja urânio? Poderíamos mudar a natureza das coisas? Poderíamos produzir novas espécies de seres, penetrando no núcleo dos seres e manipulando as suas propriedades? Aristóteles dizia que os seres humanos têm uma natureza específica, o que se verifica em todos os seres.

A grande diferença entre nós e outras espécies de seres consiste no fato de **nós termos intelecto e vontade livre**, ao passo que outros seres são orientados por forças cegas e instintivas. O homem é livre em muitas de suas atividades e pode agir livremente, de acordo com sua natureza racional ou, mesmo, opor-se a ela; ele pode agir de maneira humana e desumana. O ato moralmente bom é aquele que forma livremente em nós o genuinamente humano e nos leva para mais perto de nossa autorrealização. Atos que são conformes com nossa natureza são (atos) moralmente bons.

Esta teoria, aperfeiçoada e mais explicitada por outros filósofos (São Tomás de Aquino...), tornou-se a nossa ética da lei natural ou nossa ética teleológica (da palavra grega *telos,* que significa finalidade). Trata-se de uma ética que tem como objetivo levar o homem para mais perto de sua finalidade e de sua realização.

III – 2.3.1. NATUREZA HUMANA

Na aplicação desta teoria, é muito importante o fato de ela

depender de nossa compreensão do que realmente é o homem. Frequentemente, ouvimos a objeção de que a natureza humana é tão complexa que é difícil conhecê-la suficientemente, para poder usá-la como guia prático na definição da moralidade de nossas ações.

Podemos admitir que o homem seja um ser complexo. Mas, apesar disso, podemos afirmar, com certeza, que sabemos o suficiente a respeito de nossa natureza, para que a tomemos como critério prático; os seus principais impulsos existenciais e suas finalidades formam o objeto de nossa experiência direta.

Nada pode estar mais próximo de nós do que nossa própria natureza; sabemos de nossas necessidades, das exigências de uma vida humana decente, sem muita reflexão filosófica. Sabemos, experimentalmente, que a nossa estrutura e as necessidades intelectuais são maiores do que nosso poder pessoal para satisfazê-las. Esta experiência nos leva a aceitar a necessidade moral de colaboração social, o reconhecimento de uma autoridade paterna, por exemplo. Podemos compreender que devemos respeitar a vida, a integridade corporal de nossos semelhantes; que devemos ser fiéis no matrimônio; que devemos cumprir as promessas e acordos; que devemos respeitar o direito de propriedade dos outros.

Através da história da humanidade, verifica-se uma concordância notável quanto aos princípios básicos de moralidade e às exigências da justiça. Parece que os homens sempre tiveram uma visão natural das características mais importantes da natureza humana e o quê de fato significa ser homem, isto é, agir de conformidade com nossa natureza e, dessa forma, levar uma vida moralmente boa.

Seres que não são livres agem de acordo com sua natureza e, consequentemente, a questão da responsabilidade e moralidade não se aplica a eles. O homem, sendo livre, pode agir em conformidade com sua natureza ou pode ir contra ela; ele pode comportar-se como um ser social e agir antissocialmente. A nossa natureza dinâmica, impelida para a plena realização de sua vida humana, faz com que compreendamos que deveríamos proceder de maneira humana.

Em outras palavras, nós percebemos o imperativo moral de fazer o bem e de evitar o mal.

III – 2.3.2. NATUREZA HUMANA E BIOCIÊNCIAS

Alguns críticos talvez digam que a natureza humana pode constituir um critério prático nas questões morais simples e óbvias de nossas vidas, porém ela não pode ser usada em nossas decisões morais, relacionadas com os complexos progressos da ciência de hoje. Admitimos, de bom grado, que a tarefa não seja fácil. Clareza perfeita não se consegue com facilidade e só pode ser obtida depois de prolongados estudos e pesquisas. Este fato explica as tentativas de respostas, muitas vezes contraditórias, dos teóricos, em ética, com vasta experiência. Apesar disso, também nestes casos, a natureza pode ser nosso princípio orientador, quando tentamos descobrir a maneira verdadeiramente humana de nossas ações e as exigências de sermos humanos nestes casos particulares.

Todos os ramos da ciência humana podem contribuir, com nosso esforço, para descobrir o que seja um procedimento autenticamente humano. Os termos "humanizar" e "desumanizar" são de uso frequente na literatura atual, em se falando deste assunto. Discernir o que seja humanizante ou desumanizante não é sempre tarefa simples e fácil, uma vez que a natureza humana dinâmica não pode ser mensurada fisicamente ou colocada sob o microscópio.

Apesar da dificuldade executiva da tarefa, parece que esta será a melhor maneira de esclarecer os problemas morais e chegar a um julgamento sobre o que está de acordo com nossa humanidade, o que beneficia os seres humanos e, consequentemente, qual é a maneira acertada de proceder. Em nossas análises, a natureza humana será usada como critério para determinar a moralidade de certas ações ou práticas.

Uma análise crítica dos diversos aspectos de nossa humanidade será empregada em correlação com os fatores mais obscuros de nossa natureza, para verificarmos quais as ações que contribuem para a realização do que é genuinamente humano em nós.

Devemos tomar em consideração, porém, a totalidade de nossa natureza, porque o homem é mais do que apenas as suas funções corporais ou biológicas. Neste sentido, as diversas ciências humanas contribuem para a nossa compreensão do que seja o homem. Com o progresso das Ciências, o conhecimento da natureza cresce. Consequentemente, os nossos juízos éticos também progridem.

III – 2.3.3. ÉTICA DA SITUAÇÃO

Devemos, finalmente, mencionar a teoria da ética de situação, que se tornou moda desde a segunda guerra mundial. A sua forma mais clara e explícita se baseia na filosofia existencialista de Jean-Paul Sartre. Ele se posicionou contra a filosofia essencialista e era de opinião de que nossa natureza não é presente de um grande idealizador, isto é, de Deus, porque Ele não existe.

Não existe uma natureza humana definida que nos obrigue a um determinado modo de agir. O que o homem faz de si mesmo depende, inteiramente, de suas ações livres. O homem cria, livremente, os seus valores de acordo com variadas circunstâncias e situações. A moralidade é, portanto, subjetiva e mutável. O moralmente bom é aquele que é realizado livremente e toma em consideração a situação do momento.

Se tal teoria fosse aceita sem restrições, é óbvio que nenhuma ordem poderia ser mantida na sociedade e nenhum estado organizado teria condições de funcionar. Essa objeção obrigou Sartre a admitir que uma "situação universal" do homem tem de ser levada em consideração, antes de mais nada e que isso deve ser a base de outras decisões.

A situação universal do homem consiste na obrigação de trabalhar para viver; em que ele, necessariamente, vive entre outros seres humanos; em que ele está, necessariamente, inserido neste mundo; em que é mortal. Com tais restrições, porém, Sartre, na realidade, retorna, implicitamente, à natureza humana como base de moralidade objetiva, o que explicitamente tinha negado.

III - 2.3.4. O PAPEL DA CONSCIÊNCIA

Antes de concluir este breve apanhado dos Critérios de moralidade, devemos mencionar o papel da consciência na formação do juízo moral.

Muitas pessoas afirmam simplesmente que seguem a sua consciência, quando devem enfrentar uma decisão moral, e não voltam sua atenção para algum critério sofisticado ao qual aludimos antes. É um princípio, geralmente aceito, de que uma pessoa boa vive de acordo com sua consciência. A principal lei moral nos obriga a dar atenção à "voz da consciência" e a viver de acordo com nossa convicção sincera.

O QUE É CONSCIÊNCIA:

Poucos moralistas discutiram sobre este ponto; esta posição, porém, torna-se mais complexa, quando começamos a refletir sobre o significado da consciência e da "voz da consciência". Consciência não é algo misterioso dentro de nós. É o nosso intelecto fazendo um juízo a respeito do acerto ou do erro de uma ação. "Minha consciência me diz" significa que eu julgo ser esta ou aquela ação boa ou má. A formulação do juízo, entretanto, sempre pressupõe alguns critérios, de acordo com os quais chegamos às nossas conclusões.

Como a maioria das pessoas é ensinada, desde a sua infância, por seus pais, pelo sistema escolar, por sua igreja e pela opinião pública, que ações são boas ou más, "a voz da consciência", isto é, a formação do juízo moral aparece, rapidamente e com toda a facilidade, nos casos costumeiros de cada dia.

Uma série de princípios éticos surge, prontamente, à nossa memória, e nós, rapidamente, os aplicamos aos casos concretos e particulares, sem quase nenhuma reflexão. Quando, por exemplo, nos defrontamos com a possibilidade de levar uma toalha de um quarto de hotel, nossa "consciência nos avisa" de que roubar é errado e de que esta ação particular seria, no caso, um roubo e, consequentemente, seria um mal levar a toalha.

CONSCIÊNCIA E A NORMA DA MORALIDADE:

Parece que esta análise da consciência nos reconduz, novamente, ao problema do critério de moralidade. Por que julgamos certas ações boas ou más? Fomos nós orientados, corretamente, na infância, quanto à moralidade de certas ações? Maturidade moral significa que examinamos os princípios éticos que nos foram ensinados nos primeiros anos de vida, perguntando-nos se eles são corretos ou não.

Se os julgamos justificáveis, nós os seguimos, no futuro, com base em nossa própria convicção intelectual e não por causa de uma força externa de autoridade. O processo de examinar, previamente, os princípios morais não é nada mais do que a aplicação de nosso critério de moralidade aos diferentes problemas de nossa vida.

III – 3. ÉTICA E MORAL

Como já vimos na Introdução, *Ethos* — ética, em grego — designa a morada humana. O ser humano separa uma parte do mundo para, moldando-a ao seu jeito, construir um abrigo protetor e permanente. A ética, como morada humana, não é algo pronto e construído de uma só vez. O ser humano está sempre tornando habitável a casa que construiu para si.

Ético significa, portanto, tudo aquilo que ajuda a tornar melhor o ambiente para que seja uma moradia saudável: materialmente sustentável, psicologicamente integrada e espiritualmente fecunda.

Na ética há o permanente e o mutável. O permanente é a necessidade do ser humano de ter uma moradia: uma maloca indígena, uma casa no campo e um apartamento na cidade. Todos estão envolvidos com a ética, porque todos buscam uma moradia permanente.

O mutável é o estilo com que cada grupo constrói sua morada. É sempre diferente: rústico, colonial, moderno, de palha, de pedra... Embora diferente e mutável, o estilo está a serviço do permanente: a necessidade de ter casa. A casa, nos seus mais diferentes estilos, deverá ser habitável.

Quando o permanente e o mutável se casam, surge uma ética verdadeiramente humana.

Moral, como também visto na Introdução, do latim *mos, mores,* designa os costumes e as tradições. Quando um modo de se organizar a casa é considerado bom a ponto de ser uma referência coletiva e ser reproduzido constantemente, surgem então uma tradição e um estilo arquitetônico. Assistimos, ao nível dos comportamentos humanos, ao nascimento da moral.

Nesse sentido, moral está ligada a costumes e a tradições específicas de cada povo, vinculada a um sistema de valores, próprio de cada cultura e de cada caminho espiritual.

Por sua natureza, a moral é sempre plural. Existem muitas morais, tantas quantas as culturas e os estilos de casa. A moral dos yanomamis é diferente da moral dos garimpeiros. Existem morais de grupos dentro de uma mesma cultura: é diferente a moral do empresário, que visa o lucro, e a moral do operário, que procura o aumento de salário. Aqui se trata da moral de classe. Existem as morais das várias profissões: dos auditores-fiscais, dos médicos, dos advogados, dos comerciantes, dos psicanalistas, dos padres, dos catadores de lixo, entre outras. Todas essas morais têm de estar a serviço da ética. Devem ajudar a tornar habitável a moradia humana, a inteira sociedade e a casa comum, o planeta Terra.

Existem sistemas morais que permanecem inalterados por séculos. São renovadamente reproduzidos e vividos por determinadas populações ou regiões culturais. Assim, a poligamia entre os árabes e a monogamia das culturas ocidentais. Por sua natureza, a moral se concretiza como um sistema fechado.

De que forma se articulam a ética e a moral? Respondemos

simplesmente: a ética assume a moral, quer dizer, o sistema fechado de valores vigentes e de tradições comportamentais. Ela respeita o enraizamento necessário de cada ser humano na realização de sua vida, para que não fique dependurada das nuvens.

Mas a ética introduz uma operação necessária: abre esse enraizamento. Está atenta às mudanças históricas, às mentalidades e às sensibilidades cambiáveis, aos novos desafios derivados das transformações sociais. Ela impõe exigências a fim de tornar a moradia humana mais honesta e saudável. A ética acolhe transformações e mudanças que atendam a essas exigências. Sem essa abertura às mudanças, a moral se fossiliza e se transforma em moralismo.

A ética, portanto, desinstala a moral. Impede que ela se feche sobre si mesma. Obriga-a a constante renovação no sentido de garantir a habitabilidade e a sustentabilidade da moradia humana: pessoal, social e planetária.

Assim, podemos dizer: a moral representa um conjunto de *atos*, repetidos, tradicionais, consagrados. A ética corporifica um conjunto de *atitudes* que vão além desses atos. O ato é sempre concreto e fechado em si mesmo. A atitude é sempre aberta à vida com suas incontáveis possibilidades. A ética nos possibilita a coragem de abandonar elementos obsoletos das várias morais. Confere-nos a ousadia de assumir, com responsabilidade, novas posturas, de projetar novos valores, não por modismo, mas como serviço à moradia humana.

Não basta sermos apenas morais, apegados a valores da tradição. Isso nos faria moralistas e tradicionalistas, fechados sobre o nosso sistema de valores. Cumpre também sermos éticos, quer dizer, abertos a valores que ultrapassam aqueles do sistema tradicional ou de alguma cultura determinada. Abertos a valores que concernem a todos os humanos, como a preservação da casa comum, o nosso esplendoroso planeta azul-branco. Valores do respeito à dignidade do corpo, da defesa da vida sob todas as suas formas, do amor à verdade, da compaixão para com os sofredores e os indefesos. Valores do combate à corrupção, à violência e à guerra. Valores que nos tornam sensíveis ao novo que emerge, com responsabilidade, seriedade e sentido de contemporaneidade.

Há pessoas que insistem em morar em suas casas antigas, sem delas cuidar e sem adaptá-las às novas necessidades. Elas deixam de ser o que deveriam ser: aconchegantes, protetoras e funcionais. É a moral desgarrada da ética. A ética convida a reformar a casa para torná-la novamente calorosa e útil como habitação humana. Como o filósofo grego Heráclito dizia: "a ética é o anjo protetor do ser humano".

Por essa *atitude* ética, os *atos* morais acompanham a dinâmica da vida. A moral deve renovar-se permanentemente sob a orientação e a hegemonia da ética. Cabe à ética garantir a moradia humana, sob diferentes estilos, para que seja efetivamente habitável.

Gostaríamos de encerrar este tópico citando, *in verbis*, Leonardo Boff (Livro "A águia e a galinha", 3ª edição, Editora Vozes, 1997, p. 96), que assim se manifestou sobre o tema, trazendo como reflexão o quadro do renascentista Rafael:

> *A Escola de Atenas, de Rafael:*
>
> *Concluamos estas reflexões com a evocação de um famoso quadro do pintor renascentista Rafael, a Escola de Atenas, pintado em 1510. Aí se representam duas figuras decisivas para o paradigma ocidental: Platão e Aristóteles. Além de serem dois filósofos maiores, são expressão de dois modos de ser ou de duas filosofias de vida: o realismo e o idealismo, a águia e a galinha.*
>
> *Platão aponta com uma das mãos para cima, para o ideal, para o céu. Com a outra, segura o livro Timeu onde expõe a primazia das ideias sobre a realidade sensível. É o homem do mundo ideal, da essência perfeita de cada ser, da utopia, dos grandes sonhos, da abertura infinita do ser humano: a águia.*
>
> *Aristóteles, ao contrário, aponta para baixo, para a realidade empírica, para a terra. Segura o livro Ética, no qual apresenta os*

princípios orientadores para a prática humana rumo à felicidade. É o homem do realismo, dos projetos viáveis, do caminho bem definido, da prática concreta: a galinha.

III – 4. ÉTICA E MAÇONARIA

O destino do homem, quando fiel à sua situação, quer dizer, fiel a seu destino concreto, é impor ao real seu projeto pessoal, dar sentido ao que não o tem; extrair o logos do inerte, brutal e ilógico, converter isso que 'há aí ao seu redor' em verdadeiro mundo, em vida humana pessoal.

Julián Marías

Com fulcro nos princípios e fins da Maçonaria, podemos afirmar que a "Iniciação Maçônica tem por objetivo tornar o homem um novo ser, apto a integrar-se na filosofia do humanismo capacitando-o à compreensão da universalidade e da fé religiosa, levando-o ao entendimento de que pertence a uma mesma e única humanidade".

Dos deveres iniciáticos que o Maçom deve cumprir, deve ser salientado o de buscar a evolução espiritual para que esta possa ser espargida entre os que a desconhecem, visando trabalho objetivo pelo bem-estar e o progresso da humanidade, tendo em vista que a Ordem Maçônica por ser iniciática prega a prevalência do espírito sobre a matéria, ou será que por pregar a prevalência do espírito sobre a matéria ela é iniciática? O que é causa e o que é efeito? Pouco importa. Importam a ação e o comportamento dos Maçons, sobretudo nas questões morais e, consequentemente, éticas.

Os Maçons devem, sem descurar de seu próprio aperfeiçoamento, enfrentando os embates que a luta pela vida apresenta, propagar pela palavra, mas essencialmente pelos exemplos, os princípios citados em nossa legislação.

Com base em tais princípios, pode-se sustentar a compreensão sob a ótica Maçônica, do que sejam a Ética e a Política.

Como temos observado "em alguns segmentos da sociedade brasileira, há um perigoso distanciamento entre ética e política. Há uma percepção difusa de que as duas não se complementam, constituindo-se universos distintos. A ética, assim, isoladamente, não teria espaço no mundo político. Contudo a ética é uma instância que deve se subsumir na política".

"A ética está alicerçada em princípios. A assertiva que os fins justificam os meios jamais poderia ser invocada na política. Se abandonasse os princípios básicos, a política perderia a sustentação dos seus atos. Nesse sentido, a ética deve embasar toda e qualquer ação política. Trata-se, enfim, de uma questão de princípios."

"Consoante a doutrina da Maçonaria o pensamento ético deve forjar o sistema de valores que fundamenta uma sociedade justa. Dessa forma, a política deveria ser aplicada eticamente à sociedade, pois nem a ética, nem a política podem ser monopólio de grupos ou instituições."

Como vimos, a Maçonaria lutou e participou das mudanças dos regimes políticos existentes em passado recente, na busca da preponderância do regime democrático, por este emanar do povo, que deve ser constituído de homens livres e iguais em direitos e deveres.

É de conhecimento que a "democracia renova-se juntamente com a renovação da sociedade. Um rápido olhar sobre a história do país revela que a democracia pode ser suprimida pelas circunstâncias do momento, utilizada por grupos de poder que confundem o público e o privado, manipulada por interesses que atropelam a ética por objetivos subalternos".

Para evitar que a possibilidade de supressão deste regime possa vir a ocorrer, temos que ter uma sociedade muito consciente e ética e uma das formas de que se conseguir esta proeza e estimular, por intermédio da educação, em sentido lato, o exercício da democracia em sua plenitude, inclusive no momento de sufragar o voto em um candidato a um cargo público, seja do executivo, seja do legislativo.

Nossa última eleição para representantes no Congresso Nacional se deu há menos de três anos, mas temos convicção de que milhões de pessoas não sabem dizer o nome do deputado federal e do senador em quem votaram. E, caso se lembrassem do nome, dificilmente poderiam explicitar de forma clara a plataforma do candidato. Existe por parte dos eleitores uma falta de comprometimento com o seu próprio gesto, um gesto ao mesmo tempo individual e coletivo, fundamental e democrático, no exercício da cidadania participativa.

Dessa forma, os eleitos, quando exercem, livremente, o mandato, sem cobranças e sem acompanhamento, em regra, se entregam a uma representação teatral, que transforma instituições que deveriam ser veneráveis em palco, para os holofotes da mídia, verberando palavras vazias a ouvidos desatentos. Portanto, quando a representação não cumpre seus objetivos básicos, o que, infelizmente, vem ocorrendo, o teatro e a política nada têm a ganhar e os representados têm tudo a perder.

"Dessa forma, a representação social se torna uma farsa e o ato democrático cai no vazio. Como em tal situação raramente existem motivos para aplausos, as vaias que ressoam no teatro, nos aeroportos ou nos estádios repercutem sobre os próprios atores sociais; os eleitos e os eleitores."

Assim, as questões relevantes para a sociedade e para seu crescimento acabam por ficar em suspenso até a próxima convocação das urnas, o que, por argumento, resulta em mais do mesmo, fato que reitera o círculo vicioso de esperanças que se perdem e das promessas que jamais são cumpridas.

Para escapar desse círculo vicioso, torna-se necessário que as eleições se constituam no momento propício para que se realize modificação no quadro político, com o devido respeito à coisa pública, por intermédio do voto que deve ser depositado em nomes capazes de ouvir e atender o clamor público, tudo sem exclusão das medidas administrativas e judiciais que visassem exemplar punição, daqueles que, eventualmente, corrompessem sua representatividade quando eleitos.

Então, a Maçonaria, nesse quesito, ao invés de apoiar determinado candidato pelo simples fato de apoiar, mesmo que seja um Maçom, deveria buscar o compromisso, formal, desse candidato, que, em sendo eleito, irá cumprir com os compromissos éticos que a Ordem proclama. Fica uma indagação: isto é possível com o "status quo" atual ou é uma utopia?

"Respeitados e cultivados os direitos fundamentais, valorizada a representatividade, há de cuidar-se da cidadania."

IV – CONCLUSÃO

OS IDEAIS

O homem deve sempre, antes de agir, refletir se o que irá fazer pode prejudicar alguém, analisando todas as consequências e tomando as devidas precauções.

O homem tem direito de pensar, conversar e discutir sobre o que quiser, desde que seja construtivo.

O homem pode falar, escrever, cantar, pintar o que quiser, desde que seja construtivo.

O homem deve ter em todos os seus planos como objetivo, o bem-estar coletivo.

Um homem nunca pode agredir ou prejudicar seu semelhante.

Todos os homens devem ter a consciência de que todos são iguais independentes da etnia ou classe social, pois o dinheiro (fator determinante das diferenças entre as classes) não significa nada.

Um faxineiro é tão importante quanto o presidente da república, que é tão importante quanto uma babá, que é tão importante quanto um atleta, que é tão importante quanto eu, que sou tão importante quanto você, pois todos nós temos a mesma importância na sociedade.

O homem tem direito de plantar e colher para sua própria subsistência.

O homem pode locomover-se por todo o planeta sem passaporte ou visto, pois o planeta é de todos nós.

Sempre que tiver oportunidade, ajudar o próximo.

Todos os homens devem ter a consciência de que a necessidade da maioria sobrepuja a necessidade da minoria.

O homem pode vestir-se da maneira que quiser.

Autor desconhecido.

Temos tido ao longo dos tempos dois diferentes tipos de direito: A lei humana e a lei natural.

Os homens têm feito leis em harmonia com os direitos estabelecidos que variam com o progresso. As leis humanas atuais, muito embora longe da perfeição, mostram uma evolução, se comparadas com as leis existentes, por exemplo, na Idade Média. Os direitos daquela época soam, para nós hoje, como algo monstruoso.

Não é incomum verificarmos que determinadas regras estabelecidas pelos homens não são compatíveis com a justiça, principalmente quando elas estão regulando certas relações sociais. Por exemplo, em determinados países, ainda hoje, um casal não pode se divorciar, contrariamente, em outros existe a permissão legal. No nosso país há 40 anos o divórcio não era permitido, hoje é legal. Assim, as leis humanas mudam em diferentes tempos no mesmo país, ou é diferente no mesmo tempo em diferentes países.

A civilização tem criado para o homem novas necessidades, e estas são função de seu *status* social e, consequentemente, leis humanas têm sido criadas em conformidade com estas condições. Muitas das vezes estas leis são contrárias à lei natural, por se encontrarem eivadas de paixões, isto faz com que elas sejam alteradas proporcionalmente à evolução espiritual. Se remontarmos à infância da humanidade, lembraremos que naquela ocasião o direito que imperava, exclusivamente, era o do mais forte.

Já a lei natural é imutável ao longo dos tempos, é a mesma em todos os lugares. Deste modo, o sentimento de justiça está conectado com a lei natural, mas às vezes o que parece justo para uns parece injusto para outros, isto porque as paixões humanas misturam este sentimento e o degradam, fazendo com que muitas vezes os acontecimentos sejam vistos a partir de um falso ponto de vista.

Por outro lado, na nossa vida íntima existe uma série de atos que são submetidos somente ao tribunal da consciência. Por exemplo, como um homem deve respeitar sua esposa e filhos. Se este não os trata com carinho, consideração ou pelo menos decência, se este homem se converte em verdadeiro tirano doméstico, nada de errado pode estar fazendo perante as leis humanas, mas com certeza esta conduta é imoral e contrária às leis naturais.

O homem possui em sua consciência a verdadeira regra da justiça. Assim, quando este tem dúvidas sobre qual caminho a adotar, basta consultar a si próprio e fazer aquilo que ele faria para ele mesmo em idênticas circunstâncias.

O verdadeiro critério de justiça é, inquestionavelmente, "fazer aos outros o que gostaria que fizessem a você". Em todas as idades e crenças, o ser humano tem sempre procurado reforçar seus direitos pessoais, mas a sublime peculiaridade da lei natural é tomar como direito pessoal o direito do próximo.

Por certo, muitos povos têm negligenciado a prática da justiça, assim, muitas das vezes é necessário recorrer às represálias, o que vem causando problemas e confusões na sociedade. É claro que na vida social possuímos direitos e correspondentes responsabilidades.

Os direitos naturais são os mesmos para todos, grandes e pequenos, fortes e fracos. Eles são eternos. Não perecem com as instituições. Isto porque o ser humano sente espontaneamente revolta contra a ideia da injustiça.

Obviamente, o homem vive em sociedade, na terra, logo, ele necessita de meios para sua sobrevivência. Assim ele tem direito de ajuntar esses meios, mas deve fazê-lo em consonância com sua família, como uma abelha, através do trabalho honesto e de acordo com suas necessidades e não somente por egoísmo. O desejo de posse é natural do ser humano, mas este não deve ser exercido por mera satisfação pessoal e vontade insaciável de acumular riquezas.

Contudo, o homem deve ser ético na construção de seu patrimônio. Assim, a característica da legítima propriedade é aquela adquirida sem machucar, sem pisar nos outros. "A lei do amor e da justiça proíbe-nos de fazer aos outros aquilo que não gostaríamos que os outros fizessem a nós, implicitamente, condenamos todos os meios de aquisição contrários a esta lei."

Obviamente, repetimos, tudo aquilo que é adquirido legitimamente é sem dúvida uma propriedade, mas a legislação humana, sendo imperfeita, frequentemente convenciona direitos contrários à lei natural. Daí resulta constantes reformas nas leis civis, pois, à medida que o homem evolui espiritualmente, ele vai adquirindo melhor noção de justiça. Relembramos que o que parece direito em um século, parece bárbaro em outro, e assim sucessivamente.

Como mudar o status quo? Como revogar aquela famosa lei praticada por muitos de querer levar vantagem em tudo? Em outras palavras: como fazer que o ser humano seja ético?

A resposta, com resultados de médio e longo prazo, seria dada com a implantação de programas educacionais de grande amplitude usando meios de comunicação, escolas, preparando os futuros pais etc., mas, sobretudo, procurando exemplificar, pois, se as palavras convencem, os exemplos arrastam.

No entanto, a resposta imediata (infelizmente, após dois mil anos da passagem de Cristo pela Terra, ainda estamos distantes da prática), seria a aplicação da regra de ouro: **"façamos aos outros aquilo que gostaríamos que os outros fizessem a nós"**.

Desgraçadamente, mesmo no nosso meio maçônico temos presenciado várias atitudes antiéticas, principalmente no que concerne à disputa por poder. Recentemente, um Irmão de minha Loja simbólica, recém-Exaltado à condição de Mestre, assim se expressou: "nunca esperava encontrar este tipo de discórdia na nossa Ordem, disputa pelo poder, disputa entre os poderes constituídos, intrigas, fofocas, desavenças..."

> *Maçons! Tentemos ser éticos, sejamos exemplos na busca de uma sociedade mais justa e perfeita. Procuremos incorporar nossos belos ideais e princípios na sociedade e não permitir o caminho inverso, qual seja: a profanação de nossa sublime Ordem.*

REFERÊNCIAS BIBLIOGRÁFICAS

BOFF, Leonardo. *A Águia e a Galinha*. 3ª ed. Rio de Janeiro: Vozes,1997.

KARDEC, Allan. *O Livro dos Espíritos*. Tradução de Guillon Ribeiro. 83ª ed. Rio de Janeiro: Rotapress.

NORONHA, Marcos A. P. *O Supremo Conselho do Brasil do Grau 33 para o R.·. E.·. A.·. A.·. e o GOB*. 1ª ed. Brasília: Impressus, 2012.

______. *Maçonaria e a Pátria: Passado, Presente e Futuro*. Brasília: 2013.

NUNES, Luís Henrique Monteiro. *Ética Pública*: A Conduta Ética na RFB. Revisado por Marcos A. P. Noronha. Brasília: Escola de Administração Fazendária, 2013.

SANSON, Vitorino Félix. *Ética – conceituação*. Disponível em: titosena.faed.udesc.br/Arquivos/Textos_para_aulas/ETICA.doc Realizada em: 12 de outubro de 2013.

SANTOS, Antônio Raimundo dos. Ética – *Caminhos da Realização Humana*. 1ª ed. São Paulo: Ave Maria,1997.

VARGA, Andrew C. *Problemas de Bioética*. Edição revisada, traduzido por Pe. Guido Edgar Wenzel, S.J. São Leopoldo: Unisinos, 1998.

XAVIER, Francisco Cândido. *Fonte Viva*. Ditado pelo Espírito Emmanuel. 20ª ed. Rio de Janeiro: Federação Espírita Brasileira, 1995.

ZVEITER, Waldemar. *Ética e Política sob a Ótica da Maçonaria*. Disponível em http://oblogdobode.blogspot.com/2010/09/etica-e-politica-sob-otica-da-maconaria.html – Acesso em 30 de agosto de 2011.

Maçonaria e Ética na Política

Irm.:. Milgar Camargos Loureiro
Or.:. Viçosa – MG

Na sociedade a deterioração da ética é muito variegada, é mais alta em alguns países do que em outros, e no mesmo país pode oscilar ao longo dos tempos. Esta degradação é uma medusa que se relaciona com os costumes, com as tradições, com os valores, com as normas institucionais e com o Estado. Porém, o processo civilizatório potencializa a virtude e reprime o vício, mas o sistema político brasileiro reprime o bem e potencializa o mal. Para sermos mais específicos, abordaremos um dos fios do cabelo desta medusa – a serpente do corrompimento – no Poder Legislativo brasileiro.

Freston (2013) menciona que, para alguns estudiosos, fatores que contribuem para a corrupção no Estado são, dentre outros:

- Os impostos, especialmente os que implicam contato direto do pagador e o fiscal;
- As licitações públicas superfaturadas, subfaturadas ou cartelizadas;
- As aquisições estatais;
- Loteamento de cargos públicos e a partir deles convergir recursos para financiamento eleitoral;
- Emendas parlamentares que beneficiam ONGs e empresas que, por sua vez, repassam a congressistas ou o partido;
- Funcionário arbitrário na consecução das normas e regras;

- Regulamentos burocráticos, que dão poder de monopólio a quem os administra;
- Baixo salário dos funcionários públicos;
- O financiamento de partidos políticos;
- A impunidade em face da probabilidade de ser descoberto ou a cumplicidade cooperativa;
- As poucas penalidades efetivas aos delituosos e
- Lentidão dos processos administrativos ou judiciais.

As manifestações de ruas do mês de junho de 2013, ocorridas em todo o Brasil, foi a retomada do espírito cívico, mas que tiveram como alvo principal os políticos. Pois, desde o fim do período ditatorial, em lugar de políticos devotados, paulatinamente, a política foi sendo tomada por "oportunistas", dentre alguns destes congressistas atuais, citados por Cantanhêde, temos:

- Condenados pelo Supremo Tribunal de Justiça têm mandato de deputado federal e viram membros da Comissão de Constituição e Justiça:
- Um pastor com viés racista e homofóbico assume a presidência da Comissão de Direitos Humanos da Câmara;
- Um senador que servira da renúncia à presidência do Senado para não ser cassado, voltou a esta casa legislativa e se instala na mesma cadeira da qual havia sido destronado;
- Um Procurador da Justiça, arauto da moralidade no Senado, era apenas um abridor de porta de um bicheiro famoso;
- A Chefe de Gabinete da Presidência, em São Paulo, usa o cargo e as ligações a seu bel-prazer;
- Um ex-ministro, demitido de dois governos, tem voz em reuniões estratégicas do ex e da atual presidente;
- Ministros que foram demitidos agora nomeiam novos ministros;
- O Vice-Governador de um Governador do PSDB (oposição) vira ministro da presidente petista;

O congresso brasileiro é o segundo mais caro do mundo entre

110 países analisados em um estudo feito pela ONU em parceria com a União Interparlamentar (Fig.1). Cada um dos nossos 513 deputados e 81 senadores acarretam uma despesa média de US$7,4 milhões por ano. A Argentina, que aparece em quinto lugar neste ranking despende US$1,9 milhão por ano com seus parlamentares, 26% do que se desembolsa no Brasil. O nosso Legislativo é o quinto que mais vezes se reúne para votar leis. Porém não conseguiu, em 35 meses, formular novas regras para o Fundo de Participação dos Estados. E mais de 3.000 vetos presidenciais que aguardam, alguns deles mais de 10 anos, ser apreciados pelos congressistas. Levou 35 meses para formular as novas regras para o Fundo de Participação dos Estados, fato que ameaçou bloquear a principal renda de vários Estados.

> *Quando se paga caro por um serviço, é razoável esperar que eles sejam prestados com excelência. Mas as Excelências de Brasília custam muito e a sociedade se frustra mesmo quando espera deles apenas o cumprimento dos deveres básicos (Editorial da Folha de S. Paulo, 19.02.13)*

PRIVILÉGIOS DOS CONGRESSISTAS

Essas regalias se alicerçam em tradições paternalistas do Brasil, onde se confunde patrimônio público e privado. Alguns políticos emergiram de regiões onde a sociedade é mais condescendente com tal prática, caso dos presidentes da Câmara (RN) e do Senado (Al), que, em plena efervescência dos movimentos cívicos de rua, requisitaram aviões da Força Aérea Brasileira para fins particulares.

Valadares (2013) faz menção a alguns destes privilégios:

- Os presidentes das Casas têm direito a uma mansão com vista para o Lago Paranoá, seguranças da Polícia Legislativa por dois turnos, carro com motorista particular e batedor, e de requisitar avião da Força Aérea Brasileira, para fins específicos
- Demais congressistas têm direito a imóvel funcional e,

caso não esteja disponível, um auxílio moradia de até R$ 3.800,00 mensais;

- Os congressistas têm direito a duas férias por ano, em junho e no fim do ano.
- Foro privilegiado.

PRIVILÉGIOS DOS SENADORES

- Têm plano de saúde vitalícia, sem limites de gastos, e eles não precisam dar contrapartida,
- Podem contratar 11 funcionários para seus respectivos gabinetes com salários que variam de R$ 7.650,00 a R$ 9.000,00;
- Têm cota postal, que varia de acordo com o número de eleitores do seu estado;
- Têm cota em serviços gráficos de R$ 8.500,00 por ano;
- Quatro passagens aéreas mensais de ida e volta, a seu estado de origem;
- Carro com motorista e 25 litros de combustível por dia;
- Têm direito a um assessor de check-in (pessoa exclusivamente para providenciar o cartão de embarque e levar suas malas até a porta de entrada de embarque);
- Têm direito a sala vip nos aeroportos.

PRIVILÉGIOS DOS DEPUTADOS FEDERAIS

- Ajuda de custo para mudar para Brasília;
- Podem contratar até 25 funcionários;
- Têm plano de saúde médica pessoal, sem limites para reembolso das despesas com hospitais conveniados;
- Verba indenizatória ou cota para exercício do mandato (usada para pagar passagens aéreas, gasolina de veículos, aluguel de imóveis nas bases eleitorais, contratação de consultores e pagamento de despesas de correio).

Constata-se pelos fatos enumerados que a estrutura de nosso Congresso é bastante onerosa e exageradamente ineficiente.

POSIÇÃO ATUAL DAS LOJAS MAÇÔNICAS

A legislação MAÇÔNICA institui a proibição de assuntos políticos partidários em reuniões de LOJAS e, em consequência, nas hierarquizações das demais estruturas administrativas estaduais e nacionais. Muitos Maçons embasados neste impedimento o utilizam para impedir o debate de temas políticos nestes diferentes níveis hierárquicos. Todavia, neste fato repousa uma incongruência, uma vez que o ESTADO é uma organização política da NAÇÃO que tem por finalidade última a promoção do BEM-COMUM. Esta finalidade última tem a mesma conotação do IDEAL permanente e universal do Maçom, o BEM-ESTAR DA HUMANIDADE. (CAMPOS, 2013).

A Confederação Maçônica do Brasil, em decorrência das manifestações populares de junho de 2013, promulgou a Carta de Poços de Caldas, de cujo texto reproduzimos:

> *A Confederação Maçônica do Brasil (COMAB), diante dos últimos acontecimentos e manifestações por nossas ruas e avenidas, ergue sua voz como legítima representante da Maçonaria Brasileira ... Fazemos lembrar que todos os fatos históricos da nação brasileira, quer políticos ou não, passaram necessariamente por dentro de nossas Lojas Maçônicas... A Maçonaria conclama seu povo para que, mais uma vez unidos e congregados pelos laços de liberdade e fraternidade, deixem seus Templos e busquem, na solidariedade de nossos Irmãos em cada quadrante do chão brasileiro, a semente da honestidade e do caráter, da moral e do direito, virtudes que norteiam a conduta do Maçom.*

OBJETIVO DESTE TRABALHO

Incentivar as Lojas enviarem, a suas respectivas Obediências, sugestões para se ter uma Realidade Ética na política brasileira;

Que as Obediências motivadas, após judiciosa avaliação

destas sugestões, promulguem um elenco de proposições, balizadoras da orientação dos votos de seus afiliados;

Que este elenco de proposições possa viger a partir de 2014 em caráter permanente;

Que os Maçons sufragistas votem em candidatos legislativos que comprometam com as proposições das Obediências.

SUGESTÕES

Para que a consecução deste "IDEAL" se transforme em uma Realidade Permanente nas Lojas, submetemos à apreciação dos Irmãos, à guisa de sugestões, os seguintes itens:

- Limite de dois mandatos consecutivos para legisladores municipais, estaduais e federais.
- Proibição de candidato disputar eleições antes de terminar o mandato
- Fim do voto secreto no Legislativo. Os poderes executivo, judiciário e legislativo são independentes constitucionalmente. Destarte, nada justifica o sigilo do voto. Também, o voto público indicará aos eleitores se seu representante estará votando consoante os propósitos de sua eleição.
- Fim da impunidade parlamentar.
- Fim do nepotismo direto ou cruzado até a segunda geração, classificando-o como crime.
- Fim do voto proporcional de legisladores. O sistema atual faz a alta quantidade de votos de um candidato – Eneias em eleições pretéritas e do atual deputado "Tiririca" – completar a votação insuficiente de outros e torná-los legisladores. A cada legislatura as Câmaras empossam um contingente destes "não eleitos".
- Fim das doações empresariais. Essa é uma das fontes de corrupção administrativa ou política. Sua finalidade mais comum é ter um agente nos governos e nos legislativos.

- Fim do financiamento público (Fundo Partidário). Dinheiro público, na sustentação de partidos, impõe a contribuição indireta dos cidadãos à propagação de ideias e propósitos que não são os seus, ou até contrário aos seus.
- Fim das coligações partidárias nas eleições legislativas. Partidos, com diferentes conotações sob forma de governo, da economia e da sociedade, se jungem com o fito de angariarem mais votos, de tempo na MÍDIA falada ou televisiva e de espaço na escrita.
- Fim do sigilo bancário, patrimonial e fiscal: a) de candidatos a cargos eletivos, b) no fim de cada período legislativo e c) de representantes e ocupantes de cargos governamentais do primeiro e segundo escalão, no início e no fim de cada gestão.
- Fim de Plano de Saúde pago pelas casas legislativas.
- Fim de carro governamental e de motorista pago pelo Poder Legislativo.
- Fim de suplente para senadores.
- Contratação de no máximo 10 funcionários por congressistas.
- Cota postal variável com o número de eleitores de seu reduto eleitoral.
- Eleitos para o Legislativo não podem participar do Executivo.

BIBLIOGRAFIA

CAMPOS, Tito Alves de. Combatendo o Apolitismo Maçônico. In: ___. *Instrucional Maçônico: Grau de Mestre*. Londrina: A TROLHA, 2013. p.153-154.

CANTANHÊDE, Eliane. Exaustão. **Folha de S. Paulo**, São Paulo, 20. Jun. 2013

DECA, Erich. Câmara põe Limites a Salários Extras de Congressistas. **Folha de S. Paulo**, São Paulo, 28. Fev. 2013

FREITAS, Jânio de. O essencial está fora. **Folha de S. Paulo,** São Paulo, 30.Jun.2013

FRESTON, Paul. A corrupção: causa e reações. **Ultimato**, Viçosa, n.343, p.54-55, 2003.

GAMA, Paulo. O Congresso Brasileiro é o 2° mais caro entre 110 Países. **Folha de S. Paulo,** São Paulo, 17.Fev.2013.

MEIRELES, Henrique. Poderes para os Eleitores. **Folha de S. Paulo**, São Paulo, 30.Jun.2013.

VALADARES, João. Verdadeira pauta ética. In: ___. *Escondido na Gaveta.* Estado de Minas, 07.Jul.2013.

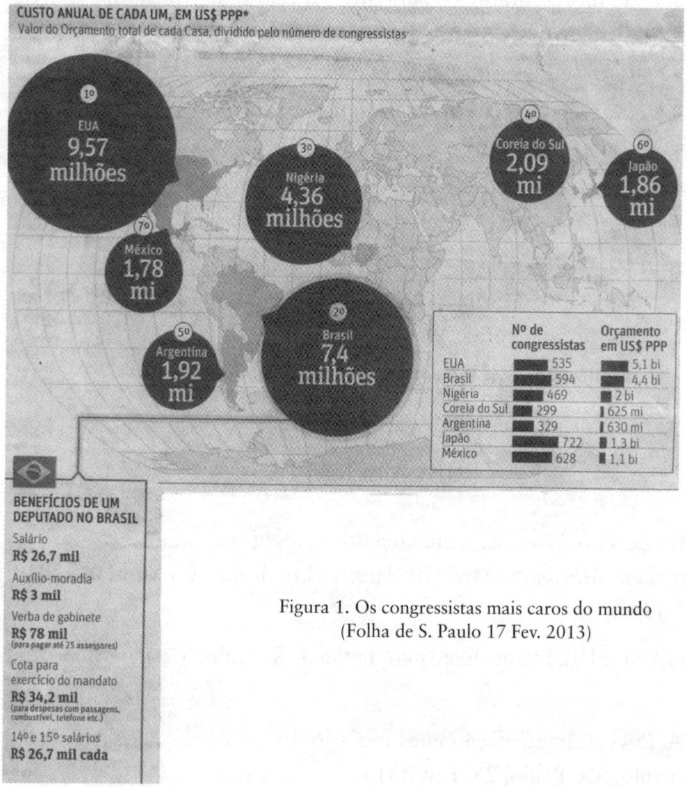

Figura 1. Os congressistas mais caros do mundo
(Folha de S. Paulo 17 Fev. 2013)

A Difícil Escolha de um Candidato

Irm∴ Alberto Gabriel Bianchi
Or∴ São José do Rio Preto – SP

Para nós, interessa que tenhamos uma primeira visão clara acerca dos conhecimentos, atitudes e comportamento que qualificariam um bom cidadão a ser indicado para ser um Maçom.
Alberto G. Bianchi

Já que vamos falar em Candidato, podemos principiar explicando o que significa esta palavra: "Vem do latim *candidatu*, isto é, vestido de branco (*candidus), palavra que originou o verbo candidare, sujeito ou coisa branca como a neve, simbolizando pureza, honradez e bons propósitos.* Tem como raiz o significado "Cândido", ou seja, que tem alma cândida, caracterizado pela candura. Em sentido figurado: ingênuo, inocente, puro. Na Roma Antiga, quando o povo descobria que o candidato não era tão puro e cometia lá seus deslizes, atirava lama em suas vestes brancas. "Devemos exigir de um candidato que sua vida, e não apenas suas roupas, estejam limpas para ingresso na Maçonaria." Assim, um candidato deve, efetivamente, reunir as qualidades que lhe dão dignidade para juntar-se aos Membros da nossa Instituição que tem como base a filosofia milenar, sempre oportuna e atual."

É de fundamental importância fortalecer nossas Colunas

com homens bons do mundo Profano, tornando-os melhores no mundo maçônico.

Para tanto, precisamos de Maçons em condições de propagar com muito mais preparo, segurança e qualificação, os nossos ideais seguros para tornar a humanidade mais justa e a nossa Ordem mais fortalecida.

Os Membros de uma Loja devem estar altamente capacitados para enfrentarem o mundo que temos pela frente. Essa propagação dever ser urgente e com progressão geométrica.

Se cada Oficina formar o seu grupo, naturalmente esse grupo formará outros e assim formaremos um esquadrão bem preparado e educado para enfrentar a batalha do dia a dia em relação aos pérfidos e defraudadores da pátria.

Rapidamente devemos buscar pessoas que queiram adquirir conhecimentos e que se tornem Maçons respeitados. É desconcertante a amplidão das áreas das ciências e das humanidades, necessárias à formação do Maçom. No que tange ao caráter articulador de conhecimentos exigidos no mundo atual e que a Maçonaria pode transmitir com segurança, uma vez que tem estrutura avançada dentro de seus Templos e Rituais metodicamente elaborados. Basta saber usá-los.

Se a escolha ou indicação for cuidadosa, a Maçonaria terá excelentes Obreiros ou, ao contrário, não sabendo escolher, terá Maçons incapazes de desenvolver o trabalho a que ela se propõe. Os meios apresentados pela Sublime Ordem são de simplicidade ímpar, bastando que os Maçons os exercitem e os coloquem em prática no mundo Profano.

O candidato deve ser dotado de condições e conhecimentos mínimos para entender a nossa filosofia e disciplina.

Isto porque o Maçom deve desenvolver-se nos vários ramos do saber e variados tipos de aprendizado, uma vez que será colocado em cheque todo seu trabalho feito na sociedade e suas razões. Tais conhecimentos se fazem necessários, tanto na teoria como na prática.

Deve ter preparação teórica e prática para atingir autoridade de um verdadeiro Mestre na transmissão de seus ensinamentos. Deve esforçar-se para evitar ficar apoiado somente na teoria e na erudição e ostentar uma vaidade fragilizada, que vai se esboroar no vazio, não levando a lugar nenhum os seus discípulos.

Não é necessário ser gênio, eloquente ou ter cultura enciclopédica, e sim ser simples, sábio, amante do conhecimento e ter um comportamento prático de acordo com nossos ensinamentos. Enfim, ser coerente com aquilo que ensina e o que pratica.

Nossa escola procura treinar a disciplina, a paciência e a tolerância através da meditação, evitando-se o falatório desnecessário. Por isso os Rituais da GLESP estampam na capa "Audi, Vide e Taci" que é para calar-se, após ouvir e ver, no sentido de exercitar a paciência e esperar o momento exato para manifestações. Adotamos uma nova forma de vida após a Iniciação e como tal devemos nos comportar.

Não tem sentido alguém ingressar na Maçonaria, ou seja, vir do mundo Profano para uma sociedade Iniciática onde existe a Verdadeira Luz e continuar Profano. Não tem sentido nenhum, e é pura falta de bom senso e ignorância. Vamos perder tempo e fazer muita gente perder o seu. É uma falta com a verdade, incabível e sem amparo.

O Candidato precisa ser bem escolhido, uma vez que dever ser naturalmente aberto ao aprendizado, precisa gostar de estudar e aprender.

O tempo de estudos é de apenas duas horas por semana nas Lojas e seu aproveitamento deve ser de cem por cento. Antes de atravessar o umbral da porta de entrada do Templo, devemos deixar o mundo Profano, bem como os problemas do cotidiano para trás.

Em nosso trabalho de educação, especialmente em relação à disciplina aprendida através da Ritualística e nossa metodologia de estudos através dos Símbolos para entendimento da nossa filosofia, e que verdadeiramente tenha significado e significância, o que nos propomos é aprimorar o homem para torná-lo um grande Construtor Social.

Queremos colaborar com a sociedade através de objetivos bem planejados, a fim de não sairmos pelas ruas vagando sem metas e sem planejamento, ou seja, sem rumo.

Aquilo que é significado é o objeto do qual nós falamos em todos os momentos e aquilo que dá significância é uma demonstração baseada em princípios sólidos, planejados e experimentado dentro de nossas escolas.

É patente que aquele que se acredita Maçom deva ser bem preparado nesses dois conhecimentos obrigatórios, ou seja, a disciplina através da Ritualística e do estudo e entendimento dos Símbolos.

As Instruções devem ser ministradas de forma constante, com sabedoria e de forma adequada. A Instrução desprovida de habilidade natural por parte do instrutor não consegue tornar o Neófito melhor do que era no mundo Profano.

O homem Maçom tem que ser educado, habilidoso no trato com o ser humano, instruído e preparado para defender uma sã moral e ética condizente com a Ordem a que pertence.

Deve conhecer bem a história da Sublime Instituição, que haja aprendido com os grandes filósofos de forma atenta e de acordo com as nossas lições, que adquira conhecimentos a respeito do trivium (gramática, retórica e lógica), bem como do quadrivium (aritmética, geometria, música e astronomia).

A Maçonaria é coisa fantástica, espantosa e misteriosa. No mundo Profano da atualidade, os homens são muito bem esclarecidos através dos mecanismos avançados que têm à sua disposição. Por isso quando procuram a Maçonaria, ou quando são indicados, alimentam a esperança de encontrar um mundo melhor em função daquilo que divulgamos e que na realidade nossa entidade busca. Por essa razão, ela encanta e provoca fascínio no Profano. Não podemos decepcioná-lo nunca. Vamos mostrar nossa força e capacidade.

O Maçom deve ser sempre o mais cortês, justo e honesto dentro da comunidade em que vive, tornando-se o menos pretensioso e o menos vaidoso entre seus pares.

Não pode ser ganancioso nem se tornar interessado pelas vantagens de receber propinas, ou outras vantagens ilícitas, mas que, com dignidade, mantenha a sua posição conquistando boa reputação.

Por isso todo Maçom deve ser educado e treinado rigorosamente dentro dos princípios que a nossa entidade proporciona.

Mas a efetiva realização de trabalhos que são levados à perfeição pelas mãos é função daqueles que foram especialmente treinados para lidar com uma das artes. Por isso só podemos fazer no mundo de fora, com presteza e bons resultados, aquilo que treinarmos à exaustão dentro dos nossos Templos.

Sairmos em socorro da sociedade sem preparo e sem saber o que e como fazer será o caos. Pura perda de tempo. Se o exército saísse pelas ruas sem treinamento e sem disciplina, seria a mesma coisa que entregar a pátria ao inimigo. O exército brasileiro tem suas fileiras muito bem treinadas e altamente organizadas. É só ver os desfiles cívicos, especialmente na data comemorativa da Proclamação da Independência. Os shows teatrais com a magia da perfeição, da beleza e do encanto, que só são possíveis em função da prática ritualística constante, são outros exemplos a serem seguidos.

Em relação aos Maçons bem formados e sobre os quais a natureza depositou tanta inteligência, agudeza e capacidade de portar um completo conhecimento sobre as sete artes liberais e tantos outros assuntos do mundo moderno, vão além da função de verdadeiros pedreiros livres. Torna-os puros de alma, com raciocínio matemático e sentimentos lógicos para educar, dotando, ainda, seus corações, de nobre compaixão.

Nosso objetivo é acordar o gigante adormecido que existe em cada um e torná-los heróis em benefício da ordem social.

Com a ajuda da astronomia nós achamos as direções leste, oeste, sul e norte, bem como conhecemos a teoria dos céus, os equinócios, os solstícios e as trajetórias das estrelas.

Com a ajuda da Maçonaria nós entenderemos o significado prático das direções rumo à felicidade e do mundo e tudo o que nos cerca.

Consequentemente, dado que estes estudos são tão vastos em sua extensão, tão enriquecidos e tornados atrativos com tantos diferentes tipos de aprendizado, me fazendo pensar que ninguém tem o direito de se dizer, de súbito, Maçom, sem ter escalado desde sua juventude os degraus destes caminhos. E ainda, nutrido pelo conhecimento das artes e ciências, ter alcançado as elevações do sagrado solo da Nobre Arte.

Para que se adquira o máximo possível do conhecimento acima elencado é necessário, condição *"sine qua non"*, que o candidato tenha uma base mínima e suficiente para que possa entender nossos ensinamentos e desenvolvê-los ao longo do tempo aplicando-os no desenvolvimento do homem.

As Lojas não deveriam ter interesse apenas na quantidade de Irmãos, mas principalmente na qualidade dos componentes de seus quadros, uma vez que somente com qualidade é que poderão perpetuar seus propósitos e ensinamentos, que não devem ser conhecidos por não Iniciados.

Pela estrutura da Maçonaria no Brasil, pelas dimensões continentais, pela nossa cultura, com contrastes regionais, seja de fundamental importância que o padrinho, além do que determina a Constituição, Regulamento Geral e Rituais de cada Potência, tenha o cuidado de só indicar, para ingresso em nossas fileiras se o conhecer há pelo menos quatro anos.

Não é qualquer conhecido ou amigo que deve ser convidado para pertencer à Maçonaria, e sim que com ele, bem como com seus familiares, tenha convivência constante, especialmente sua esposa, se for casado, e seus filhos. Uma vez que, se Iniciado, levará para o seio da Maçonaria toda sua família. Saber qual é sua profissão, onde trabalha e quais os lugares que frequenta. Seus hábitos são importantes, uma vez que irá conviver com nossa família. Analisar seu comportamento profissional: se é um trabalhador estável, volúvel ou aventureiro e se consegue evolução profissional na sua empresa. Procurar se informar se o candidato gosta de ler e pesquisar. Verificar seu caráter e se seu comportamento é condizente com a sociedade a que irá pertencer. Se é equilibrado diante das situações de dificuldade.

Saber se ele é independente e age de forma independente.

A Maçonaria precisa de pessoas com alto grau de interdependência.

O equilíbrio financeiro é um dos fatores que definem a de pendência ou independência do candidato e o mesmo raciocínio se aplica ao grau de instrução, que poderá dificultar o futuro Maçom de interpretar textos e ideias. Outro fator de dependência pode ser a religião, o clube, a família que não aceita seu ingresso, mas que faz vistas grossas quando perguntadas.

Além da estabilidade financeira, é importante observar se exerce a interdependência nos seus relacionamentos, sem ostentação ou superioridade.

Importante verificar se o Candidato é participativo, colaborador e, ainda, realizador. Com estes atributos é possível analisar se o mesmo é capaz de se comprometer.

Na verdade, não existem fórmulas mágicas, muito menos receitas milagrosas, todavia devemos tomar todos os cuidados para errarmos menos, caso contrário, estaremos prejudicando a sociedade e muitas vezes atrapalhando a vida do Candidato, se ingressar em nossa Instituição.

Sabemos que as diversidades econômicas, sociais, culturais, religiosas e educacionais dificultam muito qualquer tentativa de se estabelecer um estereótipo para ser seguido com rigor pelas Lojas, especialmente aquelas localizadas em regiões longínquas.

De certa forma muitas delas não teriam como cumprir uma orientação rígida, até porque estariam comprometendo sua própria sobrevivência.

Em contrapartida existem inúmeras Lojas localizadas nas grandes cidades ou em regiões privilegiadas sob todos os aspectos onde o elemento humano é abundante e que preenche os requisitos aqui elencados.

Preciso, é saber trabalhar com o que há de melhor em termos de recursos disponíveis. Entendemos que cada Loja deverá lidar com o que existe dentro da sua comunidade, tomando sempre o cuidado para indicar o que há de melhor para a Oficina, sabendo separar o joio do trigo.

E o que é melhor para uma Loja?

Se a Loja cumpre o que determinam os Rituais, Constituições e Regulamentos Gerais, a sugestão é que trabalhe de acordo com as instruções dos Manuais, educando e treinando o Maçom para assumir o papel de Construtor Social, para educar outros cidadãos dentro da comunidade. Desta forma, no futuro terá mais opções para futuras proposições. Com isso, poderá selecionar melhor seus candidatos em função de seus objetivos que, obrigatoriamente, já terão que estar traçados.

Independentemente da educação obrigatória que a Loja deve dar aos Irmãos e do cumprimento dos deveres que juramos cumprir e fazer cumprir pode, paralelamente, desenvolver outros projetos para a sociedade, desde que não prejudique e nem interrompa as Sessões de Instruções, especialmente as de Aprendizes e Companheiros.

Para tal finalidade, deve nomear uma Comissão composta de Mestres bem formados e preparados e que cuidem dos seus projetos externos para desenvolvê-los e administrá-los, sem atrapalhar seu cronograma de trabalho. Não devemos nunca misturar as coisas dentro da sala de aula. Podemos marcar Sessões Extraordinárias em caso de necessidade.

Importante que cada Loja ou Potência defina claramente qual é sua missão e quais objetivos pretendem alcançar para que os Irmãos se preparem e ajudem na escolha dos novos candidatos.

Se isto não for feito, podemos afirmar que a Loja não conseguirá evoluir e correrá o risco de se tornar um clube de serviço e talvez isto seja uma das razões pela qual tantos Maçons se afastam. Talvez porque não encontraram nela objetivos que pudessem motivá-los ou se sentiram enganados.

Queremos que esta matéria nos remeta a uma profunda reflexão, e a solução sugerida passe pela retomada dos valores Filosóficos, Ritualísticos, Simbólicos e Esotéricos de imediato.

Sentimos que, cada vez mais está crescendo o número de Membros com idade avançada na Maçonaria, e que está se fazendo admissões não muito boas e mal preparadas, tendo, ainda, uma evasão muito grande.

Jantares, festas, etc., beneficentes ou não, são comuns na sociedade e não é preciso entrar para a Maçonaria para desempenhar ou participar destes tipos de atividades. A Maçonaria é uma escola de Filantropia e de Filosofia, entendendo-se como Filantropia o amor à humanidade (ensinar e não dar) e como Filosofia, amor e respeito pelo saber (aprender e ensinar).

Nossa missão não é preparar cidadãos somente para a Loja ou para nossa cidade, e sim para o mundo, se quisermos perpetuar a Ordem.

FONTES DE PESQUISA

Rituais da GLESP;

Congresso para debater os "Novos Rumos para a Maçonaria Brasileira" com grandes oradores de notório saber na cidade de Curitiba.

Marco Vitrúvio Polio.

Encontro de Membros Correspondentes da Loja "Fraternidade Brazileira" de Estudos e Pesquisas, com grandes pesquisadores de todo o Brasil, em outubro de 2006, na cidade de Curitiba, onde o tema debatido foi: "De quem é a culpa: do Padrinho ou do Sindicante?".

Trabalho da A∴ R∴ L∴ S∴ "Obreiros de Irajá".

Miriam de Sales Oliveira, professora e membro da Academia Poçoense de Letras e Cultura e da Academia de Cultura da Bahia; meus trinta anos já vividos na Instituição.

Ética Maçônica e Ética na Sociedade

Irm∴ Marco Antonio Perottoni
Or∴ Porto Alegre – RS

Não vituperes ninguém antes de te informar e, quando te tiveres informado, repreende com equidade. Antes de ter ouvido não respondas nada e enquanto outro falar não interrompa. Não disputes sobre coisas que não te dizem respeito e não de assentes para julgar os pecadores. (Eclesiásticos, 11-7-9).

Antes de entrar no assunto tema deste trabalho, entendemos fazer comentários sobre alguns pontos que, de forma direta ou talvez indireta, têm influência no desenrolar do mesmo.

INTERNET

Temos aqui, sem dúvida, um tema novo que, com mais força a partir de 1991, estamos enfrentando, não só na Maçonaria como em qualquer atividade desenvolvida pelo homem.

No início, o uso da Internet ficava restrito a poucos privilegiados, mas o desenvolvimento de "sites", com acessos pagos e principalmente gratuitos tornaram demasiadamente fácil o uso da Internet e a quantidade de informações colocadas à disposição do internauta, muitas vezes sem respaldo, pesquisa ou embasamento.

Contudo nós, os Maçons, não podemos ficar ao largo deste instrumento e as Obediências Maçônicas adaptaram-se à nova realidade e se encontram na Internet.

As páginas das Obediências Maçônicas mantêm dados criteriosos de análise de temas maçônicos, mas o mesmo não podemos dizer das páginas individuais criadas por Irmãos ou pseudoirmãos e Lojas. Podemos encontrar centenas de "sites" com temas maçônicos e alguns antimaçônicos e sabemos ser extremamente difícil um controle rígido a respeito dos conteúdos disponibilizados.

Portanto temos um tema que precisamos desenvolver estudos e tomarmos uma posição em defesa da Ordem Maçônica sob pena de vermos revelados, passo a passo, os nossos poucos segredos fundamentais que deveriam ser transmitidos somente de boca a ouvido. Sem dúvida nessa discussão a base será a Ética.

ÉTICA

De forma geral os autores definem ética como a ciência da moralidade e do costume, um conjunto de regras de procedimentos aceitáveis para o indivíduo e para a sociedade.

A ética tem como objeto de estudo as atitudes dos seres humanos, os costumes adotados e a moral. Alguns temas podem ser destacados como de interesse da ética: a liberdade, a dignidade humana, a autonomia, a consciência, entre outros.

A ética depende de convicções, depende de introjeção de valores e da vivência de valores aprendidos, escolhidos e exercitados. A ética depende de atitude. No sentido amplo, estuda a ação representada pela conduta humana.

Podemos classificar a ética em pessoal: aplicada em referência aos princípios de conduta das pessoas em geral; e profissional: que serve como indicativo do conjunto de normas que balizam a conduta dos integrantes de um grupo social.

ÉTICA NA SOCIEDADE

Desde princípios dos tempos o homem necessitou desenvolver suas atividades em grupos ou em sociedade e à medida que se desenvolviam foram criando padrões de comportamento como justiça, honestidade, responsabilidade, lealdade e respeito de acordo com os valores estabelecidos na sua cultura.

Hoje, em função de termos um mundo cada vez mais globalizado e competitivo, as corporações empresariais também passaram a se preocupar em manter um comportamento ético nas suas interações com suas partes relacionadas, fato que deu origem, no Brasil e no mundo, à elaboração e publicação do Balanço Social, onde fica demonstrada a atuação de Responsabilidade Social de cada empresa e, assim, demonstrando para o mercado, principalmente consumidor, cada vez mais consciente e cobrador do seu comportamento ético e ambiental para definir a sua forma de ação na busca de satisfazer as necessidades de seus clientes.

Assim a sobrevivência e evolução das empresas e de seus negócios se mostram cada vez mais estarem ligadas, de forma cada vez próxima, às suas ações, condutas e comportamentos éticos, sociais e ambientais.

E atualmente o que vem acontecendo? Vejo a resposta nas colocações de nosso Irmão Jerônimo Borges quando diz: "A sociedade vem atravessando uma crise generalizada de ética, e na mesma esteira a da moral, que se degeneram na sociedade em que vivemos. É cristalina a degradação nas práticas sociais e individuais que desorienta o comportamento das pessoas, atingindo toda a coletividade, que se subordinam aos discursos dominantes. Os direitos, desconectados da essência de sua dimensão moral, tornam-se abstratos, considerando o homem como uma generalidade vaga, não mais o outro, ou o próximo. São inúmeros os fatores degenerativos que nos assolam em sociedade, logo, nos limitaremos ao cerne apresentando paradigmas que nos reflexionam a introspecção".

Vivemos sem dúvida uma crise moral e ética, pela prática generalizada da corrupção, da impunidade e do exemplo que temos de muitos de nossos dirigentes, principalmente políticos corporativistas, práticas estas que levam o cidadão comum a se espelhar e imitar estes procedimentos levando à situação que nos encontramos atualmente. Felizmente vemos que os Maçons, mesmo que de forma ainda tímida, tomaram iniciativas junto com os movimentos sociais e vemos que o Brasil acordou no ano de 2013 da letargia em que vivemos.

Como trabalharmos a "ética e a moral" nos procedimentos de todos os cidadãos que veem dia a dia a deterioração de nossos sistemas de saúde, educação e segurança e é abalado diáriamene com notícias de escândalos com corrupção cujas invesigações e punições normalmente acabam em "pizza"?

Ou lutamos para mudar esta situação ou vamos ter que dar cada vez mais razão a nosso ilustre Ruy Barbosa, que em situação semelhante a que nos encontramos afirmou: "De tanto ver triunfar as nulidades; de tanto ver prosperar a desonra; de tanto ver crescer a injustiça; de tanto ver agigantarem-se os poderes nas mãos dos maus, o homem chega a desanimar-se da virtude, a rir-se da honra e ter vergonha de ser honesto".

ÉTICA NA MAÇONARIA

COMO DEFINI-LA?

Não é tarefa fácil fixarmos um conceito de Ética Maçônica, talvez no decorrer do presente trabalho, poderemos, individualmente, chegar a uma conclusão, mas ética é a palavra-chave no momento em que estamos vivendo.

Está, permanentemente, na consciência e nos pensamentos de todos os Maçons "Livres e de Bons Costumes", materializando-se em nossos atos, vivências e convivências.

A Maçonaria é uma grande fonte para o desenvolvimento da ética, onde as mais diversas atividades (profissões) se encontram representadas, todas regidas por rígidos Códigos de Ética (Contadores, Advogados, Administradores, Economistas, Profissionais da Saúde, para exemplificar), e que, com certeza, são aperfeiçoados pela postura ética dos Maçons através de exemplos, comportamentos e reconhecimentos, produzindo resultados positivos incomensuráveis. A continuidade deste processo cabe a cada um de nós, a obrigação de cultuar e difundir esta postura em todos os momentos de nossa vida, tanto maçônica como na Profana.

A Maçonaria é uma Ordem Universal, formada por um contingente de Membros que reúne todas as raças, credos e nacionalidades que, com seu trabalho busca o desenvolvimento da sociedade dentro dos princípios mais puros da moral e da ética.

A Ética Maçônica tem por fundamento os conceitos de liberdade, igualdade e fraternidade desde sua mais remota constituição com a firme observância das suas regras morais tradicionais ou inscritas nos rituais e regulamentos maçônicos.

ÉTICA MAÇÔNICA

A pergunta que fazemos é: Existe uma Ética Maçônica?

Particularmente entendo que não, e explico: para sermos indicados e aceitos como integrantes da Ordem a condição preponderante é "Ser Livre e de Bons Costumes".

O que é "Ser Livre e de Bons Costumes"? Seria alguma coisa diferente ter uma educação esmerada, em todos os sentidos, ter cultura desenvolvida, ter respeitabilidade na comunidade onde estamos inseridos, ter moral elevada e, por fim, SER ÉTICO.

Ingressando na Ordem simplesmente deixamos de ser Profanos, deixamos de ser uma referência de conduta na sociedade em que vivemos e passamos a ser, simplesmente, Maçons, que pelos ensinamentos que recebemos não devemos esquecer nosso comportamento Profano, e sim ampliá-los.

Simplesmente incorporamos a nossos princípios Profanos, os princípios maçônicos de que devemos ter uma vida transparente, uma conduta ilibada, não praticarmos atos ilícitos, amorais ou antiéticos, ou seja, continuarmos a ser "limpos e puros".

Moral e Ética são valores intrínsecos dos Maçons, ou de quem é escolhido e admitido em seu seio e aqui surge uma nova questão: é assim o comportamento de todos os Maçons? Sabemos que não, em alguns casos, a amizade, quem indicou, interesses pessoais ou da Loja fazem que a quantidade tenha mais força do que a qualidade. Basta acompanharmos os Boletins Informativos para termos a resposta a este questionamento.

Muitas vezes passamos por cima de normas e determinações, para "facilitarmos" a admissão de um novo membro, atendendo interesses pessoais, nosso famoso QI (Quem Indicou), e o que é pior, interesses financeiros (mais um ou, normalmente, vários para pagar mensalidades da Loja).

ONDE ESTÁ FALTANDO UM COMPORTAMENTO ÉTICO?

Entendemos que o início desse processo está nas indicações de novos Obreiros e na forma como são elaboradas as sindicâncias. Não simplesmente em quem está indicando o Neófito, mas, também, em quem indicou o indicante, é uma corrente com seus elos. Falta ética ao Irmão que indica uma pessoa não preparada para estar junto aos verdadeiros Maçons. A falta de ética pode continuar a ser praticada na forma com que o Sindicante realiza sua importante tarefa, quando não assume totalmente suas responsabilidades, proporcionando sindicâncias superficiais, sem conteúdo, pouco esclarecedoras quanto às verdadeiras intenções do Candidato proposto e/ou de seu indicante. Aqui cabe tratarmos, mesmo que de forma superficial, sobre o papel do Sindicante.

A Sindicância é, em nosso entendimento, uma incumbência de grande vulto e estrita consideração para o e com o Irmão escolhido pelo Venerável Mestre. Não estamos sendo nenhum pouco originais quando dizemos que, quando encarregados de fazermos uma Sindicância deveremos ser minuciosos e severos no exame dos Candidatos, pois é de nosso desempenho na busca das respostas dos quesitos que vamos gerar o convencimento dos demais Irmãos, na admissão de um Profano em nossa Ordem. Quando estamos examinando um Candidato temos que examinar muito mais do que as características indicadas pelo proponente e que giram em torno de boa convivência social, trabalhador, de moral reconhecida e honestidade.

Sem dúvidas são características necessárias para ser aprovado, mas perguntamos, são as únicas? Com toda a certeza temos outros valores e qualidades que têm que ser avaliadas, tais como ética, justiça, sabedoria, inteligência, liderança, perseverança e caridade. Quanto mais e precisas as informações que trazemos para a Sindicância, há muito menos possibilidades de errarmos na escolha de um novo Membro para a Ordem.

Como vemos, o momento mais importante de um processo de iniciação de um novo integrante da Ordem é a "SINDICÂNCIA". É neste momento que será montado o verdadeiro perfil, com os valores e qualidades, do Profano. O Sindicante não pode, jamais, atuar com desleixo nesta atividade, não pode deixar-se levar por afinidades pessoais ou se preocupar em contrariar ou não o Mestre que fez a indicação ou qualquer Membro da Loja. Se existirem problemas com o Profano, estes devem ser levados ao conhecimento da Assembleia. Agimos efetivamente desta forma?

E assim poderemos ir adiante, em cada fase do processo de aprovação da indicação e consequente Iniciação do Neófito e poderemos verificar comportamentos que evidenciam a falta de elementos éticos. Ponhamos a mão em nossa consciência e pensemos sobre o assunto.

Maçons e ética caminham, ou deveriam caminhar, sempre juntos, por isso a Maçonaria não deve se preocupar com a formação ética e moral dos seus Obreiros, isto nós já trazemos do mundo Profano, somente devemos continuar a desenvolvê-las.

ÉTICA MAÇÔNICA NA INTERNET

Internet ou Web, como muitos conhecem, é uma rede mundial de computadores, onde temos a possibilidade de manter contatos e buscar informações, quase que de imediato, com qualquer pessoa ou entidade que esteja conectada com a rede.

A Internet teve seu desenvolvimento iniciado no ano de 1973, nos EEUU e passou a crescer mundialmente com o desenvolvimento, em 1989, do World Wide Web (WWW), ficando mais conhecida a partir do ano de 1991, tornando-se hoje o sistema de comunicação mais utilizado, e o que mais cresce, unindo os mais diversos tipos de usuários, como pessoas físicas, empresas, órgãos governamentais, entidades de pesquisas, universidades, órgãos culturais, bibliotecas, humor, seitas, enfim, o que podemos imaginar, inclusive pornografia e pedofilia, pois o acesso é livre e de responsabilidade individual.

Em termos de Maçonaria, encontramos os mais diversos sites, para pesquisas e informações, de Lojas, livros e revistas, chats para contatos e bate-papos, uns com acesso somente para Maçons identificados, outros livres, listas de discussões, maçônicas e antimaçônicas, e muitos outros meios eletrônicos que, a nosso ver, vêm tornando nossa Ordem cada vez mais conhecida internamente, nossos segredos aos poucos sendo desvendados publicamente e com isso nos tornando cada vez mais vulneráveis.

Já temos Lojas Virtuais, como a Loja "Internet nº 9659", cuja Carta Constitutiva foi outorgada pela Grande Loja Unida da Inglaterra, em 29 de janeiro de 1998, portanto uma Loja regular e que conta, atualmente, com 150 Membros e restrita a M∴ M∴, não outorgando Graus ou Iniciações e tem acesso restrito através de senhas e uma área pública com interessantes artigos, maçônicos e profanos (http://internet.lodge.org.uk/), nos parecendo segura.

Constantemente lemos notícias da criação de Lojas virtuais que por módicas contribuições iniciam, elevam e exaltam seus Membros, inclusive nos Graus Superiores, e que merece todo o nosso cuidado e combatividade.

Já paramos para pensar quantos de nossos segredos estão na Internet?

REDES SOCIAIS

Por certo já dissemos ou ouvimos dizer que a Maçonaria de há muito deixou de ser secreta e passou a ser discreta. Fazemos parte da sociedade como uma Sociedade Civil, com Estatutos e registros, iniciando como o CNPJ, passível de direitos e obrigações como qualquer ente organizado e constituído.

A sociedade maçônica é formada por homens que pertencem e interagem com a sociedade como um todo, tem relacionamentos, contatos com outros seres humanos, que podem ou não ser Maçons.

Com a evolução chegamos às redes sociais com suas facilidades de comunicação e liberdade de ações, surgindo, assim, mais um questionamento dentro da Ordem: como devemos nos comportar nas redes sociais?

Entendo que como ser humano que é, deve-se participar relacionando-se, conversando, interagindo com os que fazem parte de seu círculo de relacionamentos, mas havemos de ter limites no que colocamos na rede.

Se pesquisarmos, encontramos praticamente tudo sobre nossos "segredos", Sinais, toques, palavras, passos, Símbolos, textos que jamais deveriam sair de uma Loja e aí estão disponíveis em todos os tipos de redes sociais. Hoje o ingresso de nossa ordem é oferecido abertamente e com "preços módicos".

Onde fica o respeito ao juramento que fizemos em nossa Iniciação? É falta de ética?

Temos que separar em nossa participação na rede, nossas

manifestações pessoais e familiares dos nossos conhecimentos e posicionamentos maçônicos, mas muitos podem alegar o livre-arbítrio e cada um agir de acordo com sua responsabilidade e consciência, mas jamais esquecer nosso juramento.

Por certo o melhor que temos a fazer em nossas participações nas redes sociais, quando o assunto é Maçonaria, é muita responsabilidade e cautela.

CÓDIGO DE ÉTICA

É um acordo explícito que fazem os Membros de um determinado grupo social ou profissional, que buscam concretizar objetivos particulares ou comuns, comprometidos com princípios éticos que se fundamentam em direitos e deveres.

Os Códigos de Ética, escritos ou acordados, definem os relacionamentos entre os Membros do grupo que o subscrevem ou aceitam, definem atitudes, diretrizes, filosofias, etc.

CÓDIGO DE ÉTICA MAÇÔNICO

Nossa Ordem não tem um "Código de Ética Maçônico", temos os, contestados ou não, Landmarks, Estatutos, Regulamento Geral e Regimentos Internos das Lojas, todos dando os caminhos que os Maçons devem trilhar na sua vida dentro e fora da Ordem dentro de nossos Princípios e Leis e, presume-se, do conhecimento de todos os Iniciados.

Seria efetivamente necessário termos um Código de Ética Maçônica?

Muitos Maçons têm se manifestado sobre o assunto e eu, particularmente, entendo que a Maçonaria deveria criar seu próprio Código de Ética, para que cada um de nós, nossa Loja, ou nossa Potência, possa ter definidas as defesas contra as ações de pessoas não preparadas para estar em nosso convívio.

De há muito deixamos de ter inimigos externos à Ordem e passamos a ter os mais predadores inimigos dentro de nossas hostes trazidos pelas fracas sindicâncias, através de seu QI (quem indica), normalmente procedente de "curiosos" e mal preparados psicologicamente e eticamente. Por certo este Código de Ética deverá ser flexível e dinâmico, dentro de nossas Leis.

Sabemos ser este um assunto complexo e polêmico, mas precisamos nos posicionar, analisar, e definir consensualmente.

Meus Irmãos, a vida, nos ensinam os grandes Mestres, é um eterno processo de escolha.

Você é um Maçom ético?

Dê consciente e honestamente a vossa resposta.

BIBLIOGRAFIA

ALMEIDA FILHO, José Carlos de Araujo. *Maçonaria e Internet*. LVCL.

BORGES, Jerônimo. *Ética na Sociedade*. JBNews.

ENEY, Dirceu e outros. *Ética na Maçonaria*. GLMMB.

LEITE, Hélio P. *A ética na Maçonaria*.

SÁ, Antonio Lopes de. *Ética Profissional*. São Paulo: USP.

VASQUEZ, Adolfo Sanchez. *Ética*. São Paulo: Civilização Brasileira.

BIBLIOGRAFIA

A Busca da Palavra Perdida – Um Desafio

Irm∴ Rubi G. Rodrigues
Or∴ Brasília – DF

OBJETIVO

Convocar os Obreiros das Lojas do Distrito Federal para, em esforço conjunto e simultâneo, identificar e compreender o significado da Palavra Perdida que ocupa papel central na Doutrina Maçônica, na expectativa de que o resgate desse conhecimento possa revigorar o espírito maçônico, dar novo ímpeto às lides maçônicas e ampliar o orgulho de fazer parte da Ordem.

INTRODUÇÃO

No livro O Símbolo Perdido, Dan Brown faz um grande elogio à Maçonaria como entidade comprometida com os destinos da humanidade e desenvolve eletrizante aventura em que a disputa entre mocinhos e bandidos dá-se em torno da localização e da posse de um símbolo que conteria conhecimento capaz de propiciar poder incomensurável ao seu detentor. Esse poder teria sido codificado em um Símbolo, e a sua guarda, confiada à Ordem Maçônica, constituindo o segredo maçônico mais precioso e mais bem guardado de todos os tempos, esperando apenas a época certa para ser tornado público.

O livro é declaradamente de ficção, mas o autor destaca-se por um detalhe interessante: adotar locais e elementos reais, que efetivamente existem, como ambientação das aventuras dos seus personagens, e esse fato torna dúbia, em todos os seus livros, a fronteira entre o que é real e o que é ficção. Como seus livros vendem milhões de exemplares mundo afora, podemos inferir que hoje muita gente deve estar curiosa e intrigada com os segredos que, historicamente, envolvem a Maçonaria.

Percebe-se que Dan Brown ficou sabendo muita coisa sobre a Maçonaria, mas também fica claro que não lhe contaram tudo ou, então, por não ser Iniciado, não conseguiu entender tudo. Por isso, encerra a história concluindo que o símbolo perdido é o Verbo expresso em uma Bíblia Sagrada que teria sido depositada nos alicerces do obelisco da Praça do Capitólio, em Washington. Um bom observador não deixa de constatar, porém, que o final se revela "chocho" e sem graça diante das expectativas criadas. O final afigura-se mais como uma fuga pela tangente do que uma convincente solução do enigma.

Haverá mesmo na Maçonaria tal conhecimento? Será mesmo a Maçonaria depositária de tão poderoso tesouro? Em caso afirmativo, onde estará esse conhecimento guardado? Quem é ou quem são os seus guardiões? A Doutrina Maçônica não fala em Símbolo Perdido, mas fala insistentemente em Palavra Perdida, e essa palavra desempenha papel central nas alegorias com as quais a Ordem procura transmitir uma doutrina de busca determinada da verdade, da perfeição e do discernimento. Diante disso, nós, Maçons, que estamos dentro da Ordem e somos buscadores da Luz, podemos simplesmente ignorar essas dúvidas ou temos a obrigação de enfrentar esse problema e buscar uma resposta que nos satisfaça?

Normalmente, quem quer esconder alguma coisa escolhe um lugar discreto e pouco visado. Mas, estando esse conhecimento simbolicamente codificado, e sendo o caso de a Maçonaria trabalhar com uma profusão enorme de Símbolos, o melhor esconderijo, eventualmente, poderia ser colocá-lo bem à vista de todos, envolto apenas por uma inocente interpretação superficial. Talvez, quando se projetou a sua conservação, já estivesse evidente que a cultura se encaminhava por uma senda inóspita de superficialidade e, assim sendo, tal esconderijo prometia configurar-se seguro enquanto o homem não reconquistasse um olhar penetrante, capaz de atingir certas essencialidades do mundo.

Por outro lado, se esse conhecimento existe, é porque em algum momento do passado o seu poder foi comprovado e como, por alguma razão, não pode mais ser usado, resultou codificado em um Símbolo, guardado e preservado para gerações futuras. Quem sabe a Maçonaria tenha sido criada justamente para realizar essa tarefa de preservação?

Diante de tantas e tão importantes dúvidas, parece-nos apropriado realizar um trabalho investigativo e verificar em que medida será possível esclarecer essa questão. Como? Assumindo postura investigativa e usando as próprias ferramentas de trabalho que a Ordem nos faculta: o Esquadro da retidão lógica e o Compasso da compreensão.

DELIMITAÇÃO DO CAMPO DE BUSCA

Embora eu nunca tenha realizado um trabalho investigativo, parece adequado começar delimitando o campo de busca. Estamos atrás de um conhecimento precioso que pretensamente pode ser extremamente útil para uma humanidade que esteja habilitada a fazer uso dele. Ao que tudo indica, no passado, houve homens ou sociedades que souberam utilizar-se dele com sucesso, mas, por alguma razão, essas condições foram sendo perdidas e foi vislumbrado que, no rumo que as coisas tomavam, esse saber se perderia virtualmente para sempre. Em face disso, foram geradas condições para a sua preservação, possivelmente mediante a criação do que hoje se conhece por Sociedades Secretas ou Escolas de Mistério, cujas origens se perdem nas brumas do tempo; um tipo de solução possivelmente forçada por uma franca oposição dos detentores do poder político, o que também indica que esse conhecimento não agradava e nem favorecia o tipo de governo então predominante. O fato de a Escola de Pitágoras ter sido queimada em um "levante popular" e de o mestre de Crótona ter sido obrigado a fugir da Grécia são bastante elucidativos.

Há, porém, duas questões técnicas que precisam também ser consideradas para tornar essa busca eficaz. A Teoria do Conhecimento, que é uma disciplina moderna, já demonstrou que todo conhecimento constitui apenas interpretação no âmbito de uma cultura e, por mais elaborado e testado que seja, não corresponde nunca à verdade existencial presente no objeto visado. O pensamento é apenas interpretação no âmbito de uma linguagem e no seio de uma cultura. Nada a ver com Verdade, caso essa seja entendida como sendo a representação fiel e completa da coisa em si. Apesar disso, continua válida a nossa pretensão de objetividade, o que justifica porque continuamos a fazer ciência e continuamos a tentar nos comunicar. Uma das primeiras descrições do fenômeno gravitacional afirma que "matéria atrai matéria na razão direta das massas e inversa das distâncias" (Isaac Newton). Embora a pretensão de objetividade dessa descrição se sustente, tanto que foguetes são lançados fora da atmosfera baseados nela, obviamente essa descrição não corresponde à verdade do fenômeno gravitacional. A Relatividade possui outra descrição, de caráter geométrico, também sustentável, tanto assim que é com base nela que os satélites são mantidos em órbita. Ambas, conhecimento útil, com pretensão sustentável de objetividade e sem necessidade de corresponderem à verdade da gravidade. Isso implica que um mesmo objeto admite sempre diversas e diferentes interpretações, virtualmente úteis.

A segunda advertência faz-nos a Antropologia, mostrando que os significados variam segundo as culturas, o que implica na localização dos significados no tempo e no espaço. Um exemplo elucidativo trouxe-nos o Prof. Roque Laraia, da Universidade de Brasília (UnB), em palestra na Academia Maçônica de Letras de Brasília, em 2010, ao discutir a não universalidade do modo cartesiano de pensar, em que a menor distância entre dois pontos é uma reta, ele invoca o forte sentido estético dos naturais do norte do México, que, convocados a ligar um ponto a outro, elaborariam um rebuscado arabesco para fazer tal ligação e, caso alguém fizesse tal ligação com uma simples linha reta, seria avaliado como imbecil ou demente.

Diante dessas advertências, havemos de convir que, caso um conhecimento tenha sido codificado simbolicamente em um passado remoto, esse conhecimento corresponderia a certa versão e a certos significados que tinham sentido e valor dentro da cultura da época, constituindo uma versão virtualmente sem valor nos dias de hoje, em razão da cultura científica que nos envolve, muito distante tanto da cultura antiga como da medieval. Portanto, não parece lícito esperar encontrar um conhecimento pronto, acabado e diretamente aplicável nos dias atuais, mas sim encontrar apenas certo ponto de vista ou perspectiva cuja interpretação moderna e atualizada precise ser construída em face da cultura científica vigente para, somente então, ter efetiva utilidade. Trata-se, assim, não de achar, mas de reconstruir um conhecimento. Resta saber qual seja ou sobre o que ele trata.

Ainda na tentativa de delimitar o campo de busca, podemos considerar, em tese, dispormos da alternativa de buscar diretamente o Símbolo capaz de guardar tanto poder ou tentar localizar os guardiões desse saber, imaginando, à semelhança de Dan Brown, no romance O Código Da Vinci, que uma cadeia de Maçons guardiões venha preservando esse segredo através do tempo. Essa alternativa de uma cadeia de guardiões parece que pode ser deixada de lado, tendo em vista a advertência que a Antropologia nos faz sobre a deterioração dos significados no tempo. Caso algo estivesse sendo conservado dessa forma, o guardado, tal como uma moeda antiga, já não teria mais hoje valor de curso e apenas preservaria um eventual valor histórico. Por isso, entendemos que nos resta apenas a opção de procurar diretamente o Símbolo.

Quanto à questão do local onde procurar, estou concluindo o ciclo de estudos do Rito Escocês Antigo e Aceito dos trinta e três graus e, tendo realizado um estudo-síntese, tentando interpretar conceitualmente a doutrina contida nessa senda de estudos filosóficos, estou convencido de que as Lojas Simbólicas são, por excelência, o local de trabalho e de forja dos verdadeiros Maçons. O estudo filosófico leva-me a valorizar a Loja Simbólica na condição de oficina de trabalho, mas me instrumentaliza com nova competência para entender as suas potencialidades. Por isso, penso que constitui uma boa hipótese de trabalho pensar que esse Símbolo esteja depositado no interior do Templo da Loja Simbólica e que é ali que devemos concentrar as nossas buscas.

Finalmente, na preparação para um eficiente trabalho de busca, parece útil ter em mente que somente tem sentido preservar esse conhecimento caso ele seja recuperável. Isso significa que, embora colocado longe de olhos Profanos, esse conhecimento deve, de algum modo, oferecer-se para o verdadeiro Maçom que também esteja habilitado a fazer bom uso dele. Portanto, parece adequado cultivar a expectativa de que a Ritualística e o simbolismo operados na Loja Simbólica contenham fortes indícios apontando para esse conhecimento e, de alguma forma sutil, conduzam o Obreiro a essa Palavra Perdida.

Pistas:

1. O que é uma Loja Simbólica?
2. Quais os Símbolos que ornamentam a Loja?
3. Algum Símbolo se destaca como principal?
4. Quais requisitos tornam um conhecimento útil para toda a humanidade e ao mesmo tempo contrário ao interesse de governos imperiais?

   4.1 Quais requisitos tornam um conhecimento poderoso?

Moral e Ética na Sociedade e na Maçonaria

Irm∴ Miguel Simão Neto
Or∴ Juiz de Fora – MG

Moral: "*Adjetivo* – De acordo com os Bons Costumes. Que é próprio para favorecer os Bons Costumes. Relativo ao espírito; intelectual (por oposição ao físico, ao material). *Substantivo masculino* – Estado de espírito, disposição de ânimo. *Substantivo feminino* – A parte da filosofia que trata dos costumes, deveres e modo de proceder dos homens nas relações com seus semelhantes; ética. Corpo de preceitos e regras para dirigir as ações do homem, segundo a justiça e a equidade natural. As leis da honestidade e do pudor; moralidade"[1]. "*Adjetivo* (do latim morale). Relativo à moralidade, aos Bons Costumes. Que procede conforme à honestidade e à justiça, que tem Bons Costumes. Favorável aos Bons Costumes. Que se refere ao procedimento. Que pertence ao domínio do espírito, da inteligência. Diz-se de tudo que é decente, educativo e instrutivo. *Substantivo feminino*. Parte da Filosofia que trata dos atos humanos, dos Bons Costumes e dos deveres do homem em sociedade e perante os de sua classe. Conjunto de preceitos ou

---

[1] Dicionário Aurélio Online. http://www.dicionariodoaurelio.com/Moral.html. Acesso em 01 de outubro de 2013

regras para dirigir os atos humanos segundo a justiça e a equidade natural. Tratado especial de moral. Conclusão moral que se tira de uma fábula, de uma narração etc. Lição de moral. Modo de proceder. As leis da honestidade e do pudor. *Substantivo masculino* – Conjunto das nossas faculdades morais. Disposição do espírito, energia para suportar as dificuldades, os perigos; ânimo: O moral das tropas. Com moral alto. Tudo o que diz respeito ao espírito ou à inteligência (por oposição ao que é material). Moral cristã: a moralidade que em si contém os preceitos evangélicos. Moral de funil: moral liberal e ampla para uns, mas restrita e apertada para outros. Moral em ação: o ensino da moral através de exemplos. Moral pública: designativo dos preceitos gerais de moral que devem ser observados por todos os membros da sociedade.[2]

Ética. "*Substantivo feminino*. Ciência da moral"[1]. "Substantivo feminino (do grego ethikê). Parte da Filosofia que estuda os valores morais e os princípios ideais da conduta humana. É ciência normativa que serve de base à filosofia prática. Conjunto de princípios morais que se devem observar no exercício de uma profissão; deontologia. Ética social: parte prática da filosofia social, que indica as normas a que devem ajustar-se as relações entre os diversos membros da sociedade"[2].

Avaliando este dois termos, verificamos que a moral é decorrente da tradição de um grupo social. O que é considerado "de acordo" com a moral para um determinado grupo pode significar algo totalmente diferente para outro(s) grupo(s), seja relativo à religião, à política, ao comportamento humano, etc. A moral de um grupo qualquer é constituída por limites, é ela que determina um código de conduta, o qual ao deixar de ser seguido resulta em

---

[1] Dicionário Aurélio Online. http://www.dicionariodoaurelio.com/Moral.html. Acesso em 01 de outubro de 2013

[2] Michaelis. Dicionário de Português Online. http://michaelis.uol.com.br/moderno/ portugues /definicao/moral%20_1004445.html. Acesso em 01 de outubro de 2013.

práticas ditas imorais. "A moralidade foi feita para o homem, e não o homem para a moralidade." "A moral ensina a moderar as paixões, a cultivar as virtudes e a reprimir os vícios" (Zangwill e Lamennais, respectivamente, citados por Alves, 2011). De acordo com Aslan (2012), a moral é praticada sob três ângulos: religioso, social e individual, os quais devem andar de acordo e se adaptando às modificações que ocorrem com seus princípios com o passar do tempo. A de cunho religioso tem como fundamento o cumprimento da vontade de Deus. A moral social consiste na realização de tudo aquilo que resulta em benefício da coletividade e de sua harmonia, enquanto que a moral individual tem sua fonte no dever e na razão, portanto na consciência.

É perfeitamente presumível se entender que a moral passou a ter importância na história da humanidade quando as pessoas passaram a ser integrantes de uma comunidade; e que a ética, como consequência, passou a determinar qual a conduta a ser praticada. Como membros integrantes de um grupo social, as pessoas estabelecem, necessariamente, um código de conduta, desenvolvido ao longo do tempo pela instrução e prática.

A ética, por outro lado, é a ciência da moral, estuda os valores morais e os princípios da conduta humana. Aslan (2011) refere-se à ética como a "arte de criar um caráter moral, de contrair hábitos de que resulte, naturalmente, um porte conforme as leis do dever", e Figueiredo (2003) a define como a "ciência que deve embasar a codificação moral e, por que não dizer, a codificação legal, ou seja, a do Direito". Segundo Rodrigues (2013), em Filosofia, Ética significa o que é bom para o indivíduo e para a sociedade, e seu estudo contribui para estabelecer a natureza de deveres no relacionamento indivíduo – sociedade. Para Torrent (2005) a ética é o estudo das avaliações do ser humano em relação a suas condutas ou às dos outros, sendo essas avaliações feitas sob a ótica do bem e do mal, de acordo com um critério que é ditado geralmente pela moral.

No campo jurídico, a lei como regra formal, de cumprimento

obrigatório, pode encetar situações distintas. Pode haver comportamentos que são classificados como legais e que também são éticos; outros, porém, podem ser apenas legais, mas não éticos; outros, por sua vez, podem ser éticos, mas sem amparo legal (TORRENT, 2005).

A ética busca avaliar os princípios, reconhecer e praticar conscientemente aquilo que é verdadeiro e justo. O que parece ser ético para determinado grupo, pode não o ser para outro(s) grupo (s). O sacrifício de animais para pesquisa científica, por exemplo, pode ser ético para determinados países, enquanto que em outros países esta atitude pode desrespeitar os princípios éticos estabelecidos. Há princípios gerais que fundamentam o funcionamento da sociedade como um todo, assim como existem também a ética de grupos ou sítios característicos como, por exemplo, a ética médica, ética profissional (trabalho), ética empresarial, ética educacional, ética nos esportes, ética jornalística, ética na política, etc.

No âmbito da filosofia, portanto, a ética e moral possuem diferentes significados, a ética está relacionada ao estudo abalizado dos valores morais que norteiam a conduta do ser humano em coletividade, e a moral são as tradições, os códigos e os preconceitos constituídos por comunidades. É possível um indivíduo ser imoral e ao mesmo tempo ético, por exemplo, quando ele viola um código moral porque, em termos éticos, esse código é desatualizado ou fora do contexto. Rosa Parks, costureira afrodescendente, em 1955, na cidade de Montgomery, no Alabama, nos Estados Unidos, desobedeceu à regra existente de que a maioria dos lugares dos ônibus era reservada para pessoas brancas. Já com certa idade, farta daquela humilhação moralmente oficial, Rosa se recusou a levantar para um branco sentar. O motorista chamou a polícia, que prendeu essa senhora e a multou em dez dólares. O acontecimento provocou um movimento nacional de boicote aos ônibus e foi o gatilho de que precisava o jovem pastor Martin Luther King para liderar a luta pela igualdade dos direitos civis (BERNARDO, 2013).

Antônio Filho (2003) considera que o momento histórico

em que vivemos se caracteriza pela perda dos valores fundamentais do homem, ocorrência corroborada por Figueiredo (2003), o qual pondera que "nos dias que correm, vemos uma inversão total de valores morais e éticos". Realmente, nos dias de hoje, valores éticos e morais têm sofrido grande transformação, em função de uma série de fatores sociais e políticos. Destacam-se, entre esses fatores: (a) a forte tendência pela qual os indivíduos, estimulados pelas facilidades tecnológicas e pela liberdade que lhes têm sido concedidos por seus parentes e pela sociedade em geral, passam a relativizar os valores morais do grupo ao qual pertencem; e (b) os maus exemplos advindos daqueles que justamente deveriam ser os arquétipos a servir de modelo, como dirigentes de empresas e ocupantes de cargos públicos.

A realidade que se nos apresenta no mundo globalizado de hoje nos obriga a conviver com o desvirtuamento ético e moral muito sério. O que se torna mais grave é que a coletividade parece estar se habituando à situação. O comportamento tolerante demonstrado pela sociedade conduz a circunstâncias em que se aceitam como astutas pessoas que procuram levar vantagem indevida nas relações políticas, comerciais e sociais e como infantis aquelas que procuram agir dentro dos preceitos éticos e morais. No âmbito dos poderes constituídos do país, lamentavelmente, exemplos de falta de ética são noticiados diariamente nos periódicos.

Vários artifícios desonestos, utilizados para burlar algo necessário ou ato legal ou de ordem moral foram reportados dez anos passados por Figueiredo (2003), como, por exemplo, deixar um veículo estacionado em zona proibida, ultrapassar o sinal vermelho, passar à frente de outras pessoas em filas, uso de assentos e acessos destinados a pessoas com necessidades especiais, arranjar desculpas impróprias para faltar a compromissos ou outras atitudes do gênero. Isto constitui o "jeitinho brasileiro", conceito tão comum e frequente que já ultrapassou as fronteiras de nosso país. O Maçom, como cidadão, vive no mundo Profano e está submetido a suas influências, boas ou más. Vê-se obrigado a conviver com tentações, vícios, desamor e, portanto, em risco constante de cometer erros por "ilusórias demonstrações do que é a verdade. As decisões são difíceis e o perigo de erro de avaliação é iminente". (GIAVAROTTI FILHO, 2008).

"A Maçonaria é uma instituição eminentemente moral e os princípios por ela inculcados tendem inevitavelmente a fazer do Maçom que obedece a seus ditames um homem mais virtuoso" (ASLAN, 2011). O Maçom, por pertencer a uma Ordem Universal fundamentada essencialmente na ética e na fraternidade, deve atuar diferentemente dos Profanos, deve praticar o que aprendeu em Loja, sempre se valendo dos valores morais que a Ordem busca desenvolver, apresentando exemplos de decência. Guimarães (2007) nos faz lembrar que no Primeiro Grau o Aprendiz recebe sua primeira instrução com ensinamentos para controle da virtude a fim de conseguir um procedimento mais correto, procedendo ao desbaste da Pedra Bruta; como Companheiro, prossegue trabalhando na Pedra Cúbica, melhorando-se espiritualmente, se conduzindo ao Bem; como Mestre, deve estar pronto para exemplificar e ensinar aos Aprendizes e Companheiros, com suas demonstrações de conhecimentos éticos.

A Maçonaria demanda que os Irmãos sejam úteis à sociedade. A ética e a moral devem ser permanentemente reverenciadas para que se mantenham intensas a Liberdade, a Igualdade e a Fraternidade, princípios basilares da Ordem. Desta forma, o Maçom deve estar sempre comprometido tanto para a evolução da Maçonaria como para toda a vida Profana, agindo de acordo com esses princípios.

> *Nem sempre, porém, isso acontece. A Instituição maçônica, doutrinariamente, é perfeita, mas os homens são apenas perfectíveis. Procuram se aperfeiçoar, mas muitos nem sempre conseguem o seu intento, mesmo depois de muitos e muitos anos de vida templária, persistindo nas atitudes aéticas e antiéticas, que*

lhes embotam o espírito e assolam o ideal de solidariedade, de moral e de respeito à dignidade humana. (CASTELLANI, 2013)

O Maçom deve ser um político por excelência (não deve ser confundido com a prática da política partidária), deve motivar seus familiares, amigos, colegas de trabalho. Deve exercer papéis de liderança nas comunidades, participando ativamente da vida política, se esforçando para ocupar cargos públicos de relevância. Deve se associar a instituições profanas no combate à intolerância, fanatismo, violência, corrupção, discriminações, no combate a drogas, participar de campanhas educativas, realizar palestras em associações e escolas, desenvolver ações para melhorar a vida da comunidade nas áreas de educação e ensino, e assim por diante. Nas palavras de Figueiredo (2003) "incumbe a cada um de nós, enquanto Maçons, buscar modificar tudo o que está posto no mundo, muitas vezes com o sacrifício de nossa vontade e de nossas necessidades, para **reconstruir** o edifício social, que se encontra em ruínas".

BIBLIOGRAFIA

ALVES, Derly Halfeld. *Revelações Maçônicas*. Londrina: A TROLHA, p. 50, 2011.

ANTÔNIO FILHO, Fadel David. Reflexões sobre a Ética, Moral e Sigilo na Maçonaria e no Mundo Profano, na Atualidade. ***IX Encontro de Membros Correspondentes***, Juiz de Fora, "Fraternidade Brazileira" de Estudos e Pesquisas, n. 7, p. 41-46, 2003.

ASLAN, Nicola. *Grande Dicionário Enciclopédico de Maçonaria e Simbologia*. 3ª. ed. Londrina: A TROLHA, 2012.

BERNARDO, Gustavo. Qual é a diferença entre Ética e Moral? http://www.revista.vestibular.uerj.br/coluna/coluna.php?seq_coluna=68. Capturado em 5 de outubro de 2013

CARVALHO, João Alberto de. O Papel do Maçom na Sociedade. ***Caderno de Pesquisas Maçônicas*** – Caderno 14. Londrina: A TROLHA, p. 101-107, 1997.

CASTELLANI, José. A Importância da Ética na Maçonaria. http://www.culturabrasil.org/a_etica_maconica.htm. Capturado em 5 de outubro de 2013

FIGUEIREDO, Elio. Ética em Maçonaria. *IX Encontro de Membros Correspondentes*, Juiz de Fora, "Fraternidade Brazileira" de Estudos e Pesquisas, n. 7, p. 51-58, 2003.

GIAVAROTTI FILHO, Lino. A Missão do Maçom. Londrina, **A TROLHA**, n. 262, p. 40, 2008.

GUIMARÃES, Dangler Travassos. Ética, Bem e Mal. Londrina, **A TROLHA** n.257, p. 30-31, 2008.

RODRIGUES, André Wagner. Qual a Diferença entre Ética e Moral? Analise a partir do "dilema de Heinz". http://www.historiaemperspectiva.com/2011/10/qual-diferenca-entre-etica-e-moral.html. Capturado em 5 de outubro de 2013.

RODRIGUES, Raimundo. Moral e Ética. Londrina, **A TROLHA**, n. 253, p. 35-37, 2007.

TORRENT, Francisco Carlos S. Ética. Juiz de Fora. Loja "Fraternidade Brazileira" de Estudos e Pesquisas, Livro 8, p. 51-54, 2005.

Pedagogia das Virtudes

Irm∴ Luiz Gonzaga da Rocha
Or∴ Brasília – DF

APRESENTAÇÃO

O dia 19 de outubro de 2013 foi um dia festivo. Nesse dia, o Grande Oriente do Distrito Federal abriu as portas dos seus Templos para acolher os participantes do XX Encontro de Membros Correspondentes da Loja Maçônica "Fraternidade Brazileira" de Estudos e Pesquisas – com sede em Juiz de Fora/MG – reunidos pela primeira vez em Brasília – Distrito Federal.

Na condição de Membro Correspondente participei do Encontro e dos debates que foram travados. Contudo, estava convicto de ter sido uma voz destoante. Quiçá não tenha sido a única. Em verdade, estava esperando ouvir/ver apresentações de trabalhos que negassem a existência do sentimento de "degradação dos costumes" usados para explicar, de forma involuntária e inconsciente, o longo e penoso processo de regeneração da sociedade brasileira em sua preparação para receber, na Terra, uma nova geração de homens e mulheres espiritual e moralmente evoluídos.

Ou seja, não entendo e não esposo a tese da "degradação ética" propalada. Entendo e esposo a tese do que o que acontece e tanto assusta a tantos é a superexposição dos fatos e acontecimentos "negativos", exposição excessiva de desvios de condutas dos homens públicos e de elementos da sociedade, bem como promoção e destaques das mazelas sociais e políticas decorrentes da falta de gestores e de gestão em setores vitais da estrutura governamental. Quero afirmar que não enfrentamos um processo de degradação ética, estamos, sim, passando por uma fase de "desmascaramentos" das condutas antiéticas e antissociais, num contexto do processo regenerativo global.

O título deste articulado – pedagogia das virtudes – não é fortuito, mas pensado e dirigido organicamente. Os dicionários entendem "pedagogia" como teoria e ciência da educação e do ensino; conjunto de doutrinas, princípios e métodos de educação e instrução que tendem a um objetivo prático. Os mesmos dicionários colocam que a palavra "virtude" significa disposição habitual para a prática do bem; excelência moral; conjunto de todas as boas qualidades morais; ação virtuosa. A pedagogia das virtudes, então, se apresenta como uma tarefa significativa para a superação da imaginada "degradação" apontada no contexto da sociedade atual.

São palavras facilmente encontradas neste texto, portanto, palavras-chave: Virtude. Solidariedade. Afetividade. Ética. Regeneração. Degradação.

PEDAGOGIA DAS VIRTUDES

Faça uma lista das suas realizações, inclusive ético-morais, nos últimos dez anos. Agora, avalie se você melhorou ou piorou em suas relações sociais. Não satisfeito com os resultados, faça uma lista das realizações dos seus familiares e amigos, avalie se eles evoluíram ou involuíram moral e eticamente. Duvido que a sua resposta seja a que eles evoluíram ou passem por um processo de degradação ético-moral. Então, por que considerar que a sociedade, como um todo, regrediu ético-moral nos últimos dez anos. Dez anos é apenas uma referência pontual.

Seja sincero consigo mesmo e fique em paz com a sua consciência ao responder, se puder: a Humanidade e a Sociedade Brasileira se degradam até que ponto? Tomando como referência e/ou como ponto de partida o período da Segunda Guerra Mundial, até hoje, você diria que a sociedade humana e a sociedade brasileira, em particular, tenham melhorado? Sim ou não? Pois bem, digamos que eu mude de ideia e passe a concordar com os seus pensamentos e/ou ideias, pois também leio e vejo televisão, rádio e jornal. Li e vi, recentemente, que:

1. O trânsito mata 1,2 milhão de pessoas por ano no Brasil. Mortes essas que equivalem a seis guerras do Iraque por ano.
2. A taxa de homicídios no Brasil chega a 20 assassinatos por grupo de 100 mil habitantes. O que equivale a 37 mil pessoas por ano, número três vezes maior que a média mundial.
3. Cerca de 85% dos homicídios praticados no Brasil atingem os jovens entre 17 e 27 anos ou são por eles cometidos. Geralmente pessoas pobres, de cor e/ou desempregados. Ou seja, a violência é muito alta entre os jovens.

Pois bem, reservo este espaço para dizer que são altos esses números e fere de morte a sociedade como um todo. E de tudo há exacerbada divulgação na mídia televisiva e escrita. Agora a pergunta que insiste em não silenciar: qual a relação que existe entre os exemplos colocados acima e a degradação ética da sociedade?

Prossigamos. Assaltos. Corrupção, maus exemplos de vidas e de práticas políticas, abusos sexuais, extorsões, deficiências crônicas nos setores de transportes, empregos e rendas, educação, saúde e segurança pública estão sendo hiperexpostos na mídia em geral. E mais uma vez a indagação: qual a relação dessas constatações com a degradação ética na/da sociedade brasileira?

4. A Polícia Federal realiza mais de cem megaoperações por

ano para prender e/ou desbaratar grupos de pessoas que praticam ações desonestas contra o Estado e/ou o Patrimônio Público e contra a sociedade. São quase cem ações por mês. Não digo das ações das Polícias Civis Estaduais.

5. Nada menos que 38 agremiações pediram à Justiça Eleitoral para ser oficializadas. Se todas forem aprovadas (...) o número de siglas passará dos atuais 32 para 70 Partidos.
6. Livros mudam vidas.

Devo comentar esses três últimos tópicos. Creio que não devo, ou não quero, para ser bem objetivo.

O problema é que nunca antes na história deste País os fatos negativos ganharam tanto destaque como acontece agora. A impressão que se passa é que a sociedade brasileira é extremamente corrupta, extremamente violenta, extremamente desonesta, extremamente desregrada, quando a verdade não é essa. Vejamos um caso, apenas um. Ninguém fala e a mídia não divulga os casos de suicídios entre jovens no Brasil e no Mundo, será que eles não existem?

Existem sim e são centenas de milhares por ano, no Brasil e no Mundo. O Pátio Brasil Shopping, aqui em Brasília, teve que reforçar a segurança e cercar com vidros os seus vãos superiores. Dois ou mais suicídios ocorriam no local mensalmente, o espaço estava sendo conhecido como "Pátio dos Suicidas".

Agora desafio a cada um de vocês a compartilhar comigo a ideia de que as ações das pessoas nem sempre são morais, e indago, por que as ações das pessoas nem sempre são morais? A minha resposta: é que esperamos delas condutas diferentes, esperamos que elas ajam como nós agiríamos, muito embora saibamos que o sistema conceitual e o desenvolvimento das estruturas cognitivas sejam diferentes de indivíduo para indivíduo. Depois, nós podemos estar pensando a moral em termos de evolução humana e, neste caso, a nossa atitude será sempre de crítica. E a sua resposta?

Podemos afirmar, então, que o valor de algo ou de alguém é

formado pela projeção de sentimentos que emitimos em cada caso positivo ou negativo com os quais nos deparamos. Dito de outra forma, o que pretendemos é que as representações de algo ou de alguém sejam sempre valorativas – ora positivas, ora negativas – e que só são constituídas a partir do que sentimos em nossas relações conosco e com os outros. Essa é uma questão de valores. E a sua resposta?

Assim, a questão colocada de "Degradação ética da Sociedade", a meu entender, é uma constituição que não sinto. Posso estar redondamente enganado, mas este é o caminho que escolhi, E não afirmo que não haja casos de desvio de condutas éticas na sociedade brasileira. Há e há muitos, mas estes fatos, acontecimentos e personagens fazem parte do processo de regeneração pelo qual a sociedade humana, na Terra, como um todo, enfrenta, para que possamos amanhã ser melhores do que fomos ontem.

Também sabemos [e não podemos exigir de quem quer que seja] que virtudes como sensibilidade, senso de justiça, afetividade, honestidade, lealdade, perseverança, coragem, trabalho, amizade, responsabilidade, disciplina, respeito e amor pelo próximo nem sempre afloram facilmente. São virtudes que precisam ser ensinadas e cultivadas ao longo do tempo. E esta é uma das lições pouco trabalhada nas famílias, nas escolas e na sociedade. *"A Educação é a arma mais poderosa que você pode usar para mudar o mundo."* (Nelson Mandela)

Aristóteles (384-322 a. C.), em Ética a Nicômaco, professou que as virtudes seriam de duas espécies:

> *Intelectual e Moral. A primeira, por via de regra, gera-se e cresce graças ao ensino, por isso requer experiência e tempo; enquanto que a virtude moral é adquirida enquanto resultante do hábito, da conduta individual.*

A ética, segundo Aristóteles, é a doutrina moral individual. Se a questão da propalada degradação ética da sociedade se centralizar, exclusivamente, no campo político, afastando as questões correlatas de violência urbana e de outros temas, continuo focado em Aristóteles, pois, como sabemos, a política aristotélica é essencialmente unida à moral, porque o fim último do estado é a virtude, isto é, a formação moral dos cidadãos e o conjunto dos meios necessários para isso. Para Aristóteles, o estado é um organismo moral, condição e complemento da atividade moral individual, e fundamento primeiro da suprema atividade contemplativa.

Conclusivamente, podemos asseverar que a degradação ética da sociedade brasileira não existe, pelo menos na concepção ortográfica do termo: ação ou efeito de degradar. Rebaixamento, Aviltamento. Degeneração. Deterioração. Sinceramente. Não consigo enxergar tal processo de degeneração da sociedade brasileira no presente momento.

Enxergo sim um processo de revelação de desatinos e de desvios de condutas necessários à construção de uma sociedade mais fraterna, mais solidária e mais humana. As revelações e descobertas de ações negativas superexpostas na mídia televisiva e jornalística servem, e assim passaremos a considerar como instrumento de ação "positiva" no sentido de revelar os males da sociedade e da promoção da reclusão social dos indivíduos/cidadãos.

Entendo que o nosso País passa por uma revolução moral que deve produzir inevitáveis modificações nas relações sociais, contra a qual ninguém poderá opor-se. Trata-se de ações necessárias ao processo de Gestação da Nova Civilização na Terra. E, nesta fase, o desenvolvimento das virtudes é o caminho seguro para a conquista da superação de todos os óbices éticos-morais em exposição nos dias de hoje.

O interessante neste processo é o retorno ao próprio indivíduo de todo o bem que ele possa realizar. É como diz o ditado budista: "as mãos que oferecem flores ficam perfumadas". Assim é a vida em sociedade: ela responde com o que você faz. É como um espelho: ele reproduz os gestos e demais atitudes das pessoas. Sendo virtuosos e ensinando aos demais a serem virtuosos, praticando o bem teremos todo o bem a nosso favor; amando e ensinando o amor, teremos o amor ampliado dentro de nós.

Por fim, já concluindo, é importante lembrar que os seres humanos, no geral, seguem certas regras que tipificam suas maneiras de pensar e de agir. Eu jamais vou sair por aí anunciando: Salve-se quem puder! A degradação ética que está acontecendo no Brasil é um espetáculo grotesco.

Irmãos! Ninguém nasce virtuoso. Ninguém nasce pervertido. Ao nascer todos os homens são iguais. O propósito da vida humana é a obtenção do que Aristóteles chamou de vida boa. Isso significa dizer "vida do bem". Só o amor é capaz de promover a paz e a felicidade universal.

A Práxis Maçônica num Mundo de Ponta-Cabeça: Uma Proposta Ética

Irm∴ Reginaldo Gusmão de Albuquerque
Or∴ Brasília – DF

Quero lançar um grito desumano
Que é uma maneira de ser escutado
Chico Buarque, Cálice (1973).

INTRODUÇÃO

Vivendo como vivemos, em tempos tumultuosos, é necessário que a Maçonaria adote uma postura proativa frente ao cenário de mudanças em todo o mundo que está a exigir novos paradigmas no relacionamento intersocial. O arcabouço teórico vem sendo consolidado desde o Iluminismo, quando surgiu a Maçonaria moderna. A influência do pensamento maçônico tem sido uma constante em momentos decisivos da história desde então. De 1717 até hoje, a Maçonaria mostrou-se ora progressista, ora conservadora, dependendo da perspectiva que se observa, mas sempre na defesa de seus postulados. Nesse interregno, o contributo de seus Membros na busca de uma sociedade mais livre, mais igualitária e mais fraterna tem sido prolífica.

Não obstante, as ferramentas utilizadas pelos artífices da Ordem nem sempre se mostram adequadas para modelar os materiais forjados a partir de novos valores que estão a rearranjar o universo social contemporâneo e que colocam o mundo de ponta-cabeça. O grande desafio neste Terceiro Milênio é adaptar os instrumentos da Arte Real, concebidos a partir de uma tradição, muitas vezes imemorial, às exigências da conjuntura atual.

1. É PRECISO CONHECER A HISTÓRIA

Antes disso, porém, os Obreiros precisam conhecer a história da Maçonaria para dela extraírem o referencial teórico que embasa toda a doutrina maçônica e se tornarem convictos do potencial disponível para tornar feliz a humanidade.Mais que isso, o primeiro passo é reinterpretar a história. Christopher Hill, historiador inglês de renome, ensina, em sua excelente obra *O Mundo de Ponta-Cabeça,* que "a história precisa ser reescrita a cada geração, porque embora o passado não mude, o presente se modifica; cada geração formula novas perguntas ao passado e encontra novas áreas de simpatia à medida que revive distintos aspectos das experiências de suas predecessoras. E a interpretação variará segundo as nossas atitudes, segundo o que vivemos no presente".

Não é de hoje que o mundo está de ponta-cabeça. As convulsões sociais são objeto de reflexão por pensadores de todos os tempos. Filósofos como Thomas Hobbes e Jean-Jacques Rousseau, o primeiro no século XVII e o segundo no XVIII, deixaram contribuições imprescindíveis para a análise do comportamento social. Ambos sustentam que a sociedade tem por base um pacto social. Em *O Leviatã*, de 1651, Hobbes parte do princípio de que o homem, buscando a autopreservação, é capaz de dizimar o próprio homem. E, por medo, deixa o estado de natureza e cria a sociedade. Já Rousseau, no seu *Discurso sobre a origem e os fundamentos da desigualdade entre os homens*, de 1755, defende que o homem no estado de natureza é bom e a sociedade o corrompe. Em 1762, em *O Contrato Social*, Rousseau constrói a sua teoria da unanimidade reencontrada, que influencia o pensamento político e social desde então. Logo no primeiro parágrafo do capítulo I, Rousseau escreve a frase que é símbolo de seu pensamento: "O homem nasceu livre e por toda parte ele está agrilhoado".

À primeira vista os pensamentos se apresentam paradoxais. Entretanto, os cenários descritos por Hobbes e Rousseau coexistem em todas as sociedades quando analisadas em suas inúmeras facetas. Por um lado, os males sociais permanentes como a insegurança, a corrupção, o vandalismo etc. levam a acreditar que estamos num mundo *hobbesiano* em que prevalece a selvageria. Por outro lado, ao se observar o desenvolvimento tecnológico, os avanços da medicina, o aumento da expectativa de vida, o estado de direito e a preservação das garantias individuais existentes em alguns países mais desenvolvidos, vislumbra-se a sociedade ideal *rousseauniana*.

Marshall Berman se encarregou de esclarecer, em um livro pujante, a ideia de Karl Marx, exposta no *Manifesto Comunista*, de 1848, de que "tudo que é sólido desmancha no ar". A obra do professor americano, escrita originalmente em 1982, cujo título é idêntico à famosa frase de Marx e tem como subtítulo *A aventura da modernidade*, mostra em detalhes a sociedade em constante mudança e a necessidade de instrumentos sociais e culturais cada vez mais aperfeiçoados para a busca de material consistente que não deixe desmoronar as boas *edificações* humanas. Nas palavras de Francis Foot Hardman, que apresentou a edição brasileira, "Berman constrói um painel vertiginoso e lúcido dos tempos modernos, combinando com maestria a melhor tradição da crítica literária com um desvendamento histórico preciso da sociedade e da cultura nos séculos XIX e XX".

De início, logo no prefácio, Berman já diz a que veio: "Neste livro, tentei descortinar algumas das dimensões de sentido, tentei explorar e mapear as aventuras e horrores, as ambiguidades e ironias da vida moderna". O professor americano, nascido no Bronx, em Nova York, se vale de pessoas e obras literárias para interpretar a modernização. Diz que todos são movidos, "ao mesmo tempo, pelo desejo de mudança – de autotransformação e de transformação do mundo em redor – e pelo terror da desorientação e da desintegração, o terror da vida que se desfaz em pedaços". Mas ele não se intimida, e percorre toda a aventura da modernidade em busca de uma saída. Reinterpreta a tragédia do desenvolvimento e esclarece o seu entendimento de Modernismo e Modernização. Tece considerações sobre o Modernismo nas ruas e analisa o Modernismo do Subdesenvolvimento.

Lembrando que sua aventura de *reinventar* o Modernismo se deu ainda no século XX, destaca-se que Berman lançou seu pensamento à frente, defendendo que ao reinterpretar e "lembrar os modernistas do século XIX talvez nos dê a visão e a coragem para criar os modernistas do século XXI". Ressalte-se que Berman designa "modernidade" o conjunto de experiências "de tempo e espaço, de si mesmo e dos outros, das possibilidades e perigos da vida – que são compartilhadas por homens e mulheres em todo o mundo".

2. A DOUTRINA MAÇÔNICA

É nesse mundo complexo e plural que a Maçonaria se dispõe a atuar. O século XVIII assistiu ao seu nascimento, embalado pelas ideias iluministas. Os ventos da liberdade, da igualdade e da fraternidade sopraram em todas as direções e acabaram tremulando as *birutas* da América Latina em geral e do Brasil em particular.

A partir dessa perspectiva, devemos analisar algumas ideias que de forma intermitente e muitas vezes sutil têm permeado o pensamento maçônico para a edificação do seu ideário comportamental. *As Constituições dos Franco-Maçons*, de Anderson, trazem tanto imposições políticas em suas entrelinhas, como também explícitos ditames de comportamento ético. A proibição de não se discutir política nas reuniões maçônicas é uma atitude eminentemente política. E se coaduna com a prescrição de respeito às leis e aos governos que as ditam, embora aquelas nem sempre sejam justas. Mais elegante que isso é o código de conduta inserido em suas Obrigações. *As Constituições*, cuja primeira edição data de 1723, ensinam ao Maçom como se comportar dentro de Loja e fora dela, em casa e na vizinhança, enfim, na sociedade. Trazem também a mais acertada definição da Ordem ao insculpir em suas páginas que a Maçonaria é o "Centro de União, e o meio de firmar uma amizade sincera entre pessoas que teriam ficado perpetuamente distanciadas".

Dessa amizade sincera adveio a fraternidade e a união permanente em busca da igualdade e da liberdade. Pode-se, apropriadamente, parafrasear e ampliar o pensamento de Jean-Paul Sartre, dizendo que o Maçom está *condenado* à liberdade, à igualdade e à fraternidade desde então. Para revisitar, com graça, o pensamento de Sartre, pode-se recorrer a *O Mundo de Sofia*, de Jostein Gaarder, acompanhando a personagem do romance da história da filosofia que, em um desses cafés à moda francesa, "com mesinhas redondas, cadeiras pretas e garrafas viradas de cabeça para baixo sobre dispositivos para dosagem automática de bebidas", aprende que o homem está condenado à liberdade "porque não se criou e, não obstante, é livre. E uma vez atirado ao mundo, passa a ser responsável por tudo que faz. Somos indivíduos livres e nossa liberdade nos condena a tomarmos decisões durante toda a nossa vida". Assim, a liberdade está aí, à disposição de todos. Mas muitos não a veem e permanecem na escuridão. A Maçonaria ensina que se deve direcionar o olhar para a luz, exatamente em busca de um mundo melhor.

3. A INSERÇÃO SOCIAL E POLÍTICA DA MAÇONARIA

Ao passar a vista na linha do tempo dessa senda, pode-se

constatar a influência da Maçonaria. Caminhando com José Castellani, no seu compacto e instrutivo "A ação secreta da Maçonaria na política mundial", de 2001, observa-se a mão de Membros da Ordem na Restauração dos Stuarts, na Independência dos Estados Unidos da América, na Revolução Francesa, na Resistência Francesa durante a Segunda Guerra Mundial e em muitos outros movimentos que mudaram a face da sociedade mundial.

No Brasil, os Livres-Pensadores de fins do século XVIII e início do XIX ousaram pensar a liberdade e deram o Grito da Independência. Quiseram uma monarquia constitucionalista e foram frustrados com a prática absolutista daquele que escolheram para os representar: Dom Pedro I. Quase setenta anos após, os Franco-maçons do final do século lutaram pela igualdade e conseguiram a Abolição da Escravatura. Logo em seguida, em 1889, proclamaram a tão sonhada República. O caminho, porém, foi entremeado de obstáculos. Muitas vezes foi necessário subverter a ordem vigente. Em outras, houve exageros que não devem ser analisados sem considerar o espírito da época. No afã de atingir seus nobres objetivos, alguns Irmãos se empenharam de forma não politicamente correta. Para ilustrar, segue-se a transcrição de um episódio resgatado por Laurentino Gomes, em seu recente *1889*:

> *Em São Paulo, um grupo mais radical chamado "Os Caifazes", liderados pelo advogado republicano e maçom Antônio Bento, promovia a fuga em massa dos escravos, surrava os capitães do mato contratados para recapturá-los, ameaçava os fazendeiros e feitores acusados de maus-tratos. Sob a proteção desse grupo, foi organizado o mais famoso quilombo da época, o do Jabaquara. Situado nas imediações das cidades de Santos e Cubatão, na baixada santista, chegou a reunir 10 mil escravos fugidos.*

Na Primeira República, ou República Velha, que compreende o período de 1889 a 1930, a Maçonaria foi onipresente, prolongando a sua influência na organização da sociedade e do Estado brasileiro. A partir de então começa uma decadência em suas ações explícitas e a sua influência real nos destinos da nação fica por conta de atos individuais e esparsos. Deve-se levar em conta, entretanto, que o potencial de inserção na sociedade continua latente. Embora de forma tímida, a participação na redemocratização do país nas últimas décadas, a defesa da Amazônia, o engajamento na luta contra as drogas, credencia a instituição maçônica a alçar voos mais altos em favor da sociedade brasileira.

4. A PRÁXIS MAÇÔNICA

A reformulação da metodologia para a formação de seus Obreiros constitui-se em princípio basilar que contribuirá sobremaneira para a construção de um edifício cultural, moral e ético mais consolidado e compatível com o mundo contemporâneo do que a prática obsoleta de deixar por conta do autodidatismo e de instruções exclusivamente Simbólicas e Ritualísticas que são repetidas cansativamente nas Lojas Maçônicas. É imprescindível dar um salto de qualidade, avançar para o pós-modernismo, adotar didáticas construtivistas e contextualizar os ensinamentos maçônicos, valendo-se da sabedoria tradicional e esforçando-se para traduzir essa sabedoria em linguagem que seja atrativa para as mentes que anseiam uma renovação nos programas e projetos planejados para os dias de hoje. Desde o início, a Maçonaria moderna se proclama "um sistema e uma escola não só de moral, mas de filosofia social e espiritual, reveladas por Alegorias e ensinadas por Símbolos, guiando seus adeptos à prática e ao aperfeiçoamento dos mais elevados deveres do homem, cidadão e patriota". Isto é, o Maçom é preparado para atuar na sociedade, aplicando a doutrina que lhe é revelada nas Lojas. É preciso muito mais. O reordenamento da doutrina e dos ensinamentos maçônicos para os novos tempos, considerando o avanço das ideias, a globalização, a existência das redes sociais, e a universalidade do conhecimento, que não se restringe mais às poucas Instruções ministradas pelos Mestres Maçons aos Aprendizes e Companheiros.

O Planejamento Estratégico deve fazer parte dessa preparação para dar novos rumos à Maçonaria. Técnicas modernas de definição de cenários futuros, planejamentos de gestão de longo prazo ou de implementação de projetos e programas devem nortear uma boa administração maçônica. E isso é aplicável em todos os níveis: local, regional ou nacional. As Lojas, Obediências regionais, Altos Corpos ou Potências nacionais podem envidar esforços para definirem ou revisarem sua missão, visão e valores. A partir daí, a constatação de fatores críticos de sucesso vai permitir que a instituição escolha o caminho mais adequado para se situar em um mundo que a cada dia espera mais de organizações que se pretendem defensoras de comportamentos virtuosos.

Também o arcabouço jurídico das Instituições Maçônicas não pode ser um empecilho para o avanço das ações sociais da Maçonaria e a atuação livre de seus Membros. Principalmente os Códigos Maçônicos – Penais, Processuais e outros – estão a merecer uma reflexão. São heranças dos primórdios da estruturação da Maçonaria e, em nosso país, são cópias dos Códigos do Judiciário brasileiro. A Maçonaria não necessita, nem é instância adequada para realizar julgamentos e infligir penas a seus Membros. Deve-se pensar na elaboração de um Código de Ética para nortear o comportamento dos adeptos, premiá-los por suas boas ações e repreendê-los quando constatados desvios de conduta. No máximo, como uma associação da sociedade civil, excluí-los de seus Quadros. Nunca condená-los. Isso é competência do Poder Judiciário brasileiro!

Avançar para além do pensamento da Idade Moderna, berço da Maçonaria, também deve ser um objetivo permanente de todos os Maçons. Um bom caminho é pensar filosoficamente.

André Comte-Sponville nos ajuda neste particular ao definir a Filosofia como "uma prática teórica (mas não científica), que tem o todo por objeto, a razão por meio e a sabedoria por fim. Trata-se de pensar melhor, para viver melhor".

Luc Ferry vai mais além quando nos ensina que "para todo indivíduo, é valioso estudar ao menos um pouco de filosofia, nem que seja por dois motivos bem simples. O primeiro é que, sem ela, nada poderemos compreender do mundo em que vivemos. Além do que se ganha em compreensão, conhecimento de si e dos outros por intermédio das grandes obras da tradição, é preciso saber que elas podem simplesmente ajudar a viver melhor e mais livremente".

Esses dois pontos de vista parecem ter sido escritos para servir de paradigma para a Maçonaria de hoje. É fácil encontrar em inúmeras constituições, regulamentos gerais e outros documentos maçônicos a definição de que "a Maçonaria é uma instituição essencialmente iniciática, filosófica, filantrópica, progressista e evolucionista, cujos fins supremos são a liberdade, a igualdade e a fraternidade". Nos Rituais é incansavelmente repetido que os Maçons devem levantar Templos à Virtude e cavar Masmorras ao Vício. Todos esses princípios denotam uma postura filosófica de conduta ética para organizar a sociedade em bases sólidas para um viver melhor.

Após esse período imprescindível de preparação, o Iniciado estará apto a trilhar a senda da realidade. Os movimentos sociais em ebulição no mundo e no Brasil não reservam lugar para os despreparados. Como ficou ressaltado inicialmente, os instrumentos foram confeccionados desde longa data. Resta burilá-los e adaptá-los a um mundo degradado eticamente. Não que esse cenário seja privilégio de hoje. Mas, se o Maçom não estiver atento à missão que lhe foi confiada, vai ter a sensação de ele próprio estar de ponta-cabeça. Esta é uma característica do mundo dialético sempre em evolução e revolução. A única coisa permanente é a mudança.

Neste contexto, a ação da Maçonaria deve ser sempre pacífica. A Ordem do Grande Arquiteto do Universo, como a define José Antônio Ferrer-Benimeli, é uma Instituição que se destaca como progressista, mas que tem primado pelo método evolutivo. O *modus operandi* de uma "*revolução pacífica*" pode ser aprendida com grandes personalidades que agiram eticamente e sem o uso da violência para transformar o mundo. Mahatma Gandhi e seu pacifismo derrubaram o imperialismo inglês na Índia. Martin Luther King sonhou com uma sociedade igualitária e foi ouvido pelas multidões. João Paulo II, o Papa em iminência de se tornar Santo, neutralizou as alas mais radicais da Igreja Católica que, inspiradas no Movimento Comunista Internacional, idealizaram e quiseram pôr em prática a materialista Teologia da Libertação. O grande líder Nelson Mandela acabou com o *apartheid* na África do Sul e perdoou todos os seus algozes.

Ademais, não se deve esquecer que a Ordem Maçônica é dualista e em seus postulados proclama a prevalência do espírito sobre a matéria. Talvez Deus esteja morto, para alguns, como defendeu Friedrich Nietzsche na *Gaia Ciência* e reafirmou em *Assim falou Zaratustra*. Mas nenhum Maçom se empenha em empresa importante sem antes invocar o Grande Arquiteto do Universo, como ensinam os Rituais da Ordem.

Mesmo não sendo uma religião, pois não tem como fim a salvação da alma, a Maçonaria tem sua religiosidade e preconiza que "um Maçom é obrigado, por sua condição, a obedecer à Lei moral; e se compreende bem a Arte, não será jamais um Ateu estúpido, nem um Libertino irreligioso", para citar mais uma vez as "*Constituições de Anderson*".

Desde o início de seus ensinamentos até os últimos Graus, a doutrina da Arte Real desvela a Maçonaria-Força e a Maçonaria -Espírito.A verdadeira Cruzada a ser defendida é aquela que busca o amor, o aperfeiçoamento dos costumes, a tolerância, o respeito à crença de cada um. A Maçonaria-Força e a Maçonaria-Espírito devem ser colocadas a serviço desse bem maior. Essa é a grande guerra que deve ser travada pelos cidadãos Iniciados Maçons.

A epígrafe de "lançar um grito desumano, que é uma maneira

de ser escutado" é uma ênfase metafórica. Quer dizer que o Maçom deve "*gritar mais alto*" para atingir seu objetivo de tornar feliz a humanidade. Deve ser intransigente na busca da verdade. Deve ser superlativo na defesa do direito e da justiça. Não deve transgredir, em hipótese alguma, seu código de vida.

CONCLUSÃO – UMA PROPOSTA

Este é um ensaio despretensioso, que busca apenas despertar nos Irmãos a vontade de agir em face de um mundo de ponta-cabeça. Espera-se que contribua para a reflexão daqueles que pretendem se aprofundar no assunto.

Ouso firmar, entretanto, com base nas ideias acima expostas, um conjunto de objetivos que buscam traduzir uma práxis maçônica de caráter eminentemente ético, na esperança de sensibilizarMaçons dos três maiores segmentos da Maçonaria do Brasil (Grande Oriente do Brasil, Grandes Lojas e Grandes Orientes Independentes). Eis a proposta:

1) Priorizar a educação maçônica com vistas a um melhor entendimento da doutrina e a consequente preparação do Maçom para atuar na sociedade.
2) Instalar núcleos de planejamento estratégico em todos os níveis com o objetivo de definir, ou redefinir, a visão, a missão e os objetivos da Maçonaria, considerando o cenário de degradação ética que se assiste no mundo em constante mudança.
3) Elaborar um Código de Ética Maçônico que permita uma padronização de comportamento do Maçom frente ao desafio de respeitar a tradição e ao mesmo tempo adaptá-la às exigências da atualidade.
4) Resgatar valores éticos, pela prática das virtudes, tais como, polidez, fidelidade, honestidade, prudência,

temperança, coragem, justiça, tão desprezados corriqueiramente nas relações sociais de hoje.

5) Desencadear uma *Cruzada* de conscientização do Maçom no sentido de emular o comportamento iluminista que ainda vigora para ingressar na época pós-moderna em que vivemos.
6) Concitar o Maçom a viver intensamente hoje, substituindo a utopia maçônica de um dia tornar feliz a humanidade pela defesa de que a Maçonaria é uma instituição que torna feliz a humanidade (todos os dias) pelo amor, pelo aperfeiçoamento dos costumes, pela tolerância, pelo respeito à autoridade e à crença de cada um.
7) Ter em mente que para se ter uma sociedade mais livre, mais igual e mais fraterna, cada um deve fazer o melhor em família, na comunidade, na cidade, no País.

BIBLIOGRAFIA

ANDERSON, James. *Constituições dos Franco-Maçons.* Brasília: Gráfica e Editora do Grande Oriente do Brasil, 1997. Tradução e introdução por João Nery Guimarães.

BERMAN, Marshall. *Tudo que é Sólido Desmancha no Ar:* A aventura da modernidade. São Paulo: Companhia das Letras, 1986.

CAMINO, Rizzardo da. *O Ápice da Pirâmide.* São Paulo: Madras, 2009.

CASTELLANI, José. *A Ação Secreta da Maçonaria na Política Mundial.* São Paulo: Landmark, 2001.

CHEVALLIER, Jean-Jacques. *As Grandes Obras Políticas:* de Maquiavel a nossos dias. Rio de Janeiro: Agir, 1995.

COMTE-SPONVILLE, André. *A Filosofia.* São Paulo: Martins Fontes, 2005.

COMTE-SPONVILLE, André. *Pequeno Tratado das Grandes Virtudes.* São Paulo: Martins Fontes, 1995.

FERRER-BENIMELI, José Antônio. *Arquivos Secretos do Vaticano e a Franco-Maçonaria:* História de uma condenação pontifícia. São Paulo: Madras, 2010.

GAARDER, Jostein. *O Mundo de Sofia.* São Paulo: Companhia das Letras, 1995.

GOMES, Laurentino. *1889:* Como um imperador cansado, um marechal vaidoso e um professor injustiçado contribuíram para o fim da Monarquia e a Proclamação da República no Brasil. São Paulo: Globo, 2013.

GRANDE LOJA MAÇÔNICA DE BRASÍLIA. *Rituais de Aprendiz Maçom, Companheiro Maçom e Mestre Maçom.* Brasília: GLMB, 1996.

GRANDE ORIENTE DO BRASIL. *Constituição do Grande Oriente do Brasil.* Brasília, 2007.

HILL, Christopher. *O Mundo de Ponta-Cabeça:* Ideias radicais durante a Revolução Inglesa de 1640. São Paulo: Companhia das Letras, 1977.

HOBBES, Thomas. *Leviatã.* São Paulo: Martins Fontes, 2003.

MANDELA, Nelson. *Conversas que Tive Comigo.* Rio de Janeiro: Rocco, 2010.

MARX, Karl e ENGELS, Friedrich. *Manifesto Comunista.* Boitempo Editoria: São Paulo, 1998.

NIETZSCHE, Friedrich Wilhelm. *Obras Incompletas.* Volumes I e II. São Paulo: Nova Cultural, 1991. – (Os Pensadores).

RIBEIRO, Renato Janine. *Ao Leitor sem Medo:* Hobbes escrevendo contra o seu tempo. Belo Horizonte: Editora UFMG, 1999.

ROUSSEAU, Jean-Jacques. *Discurso sobre a Origem e os Fundamentos da Desigualdade entre os Homens.* Brasília: Universidade de Brasília; São Paulo: Martins Fontes, 1989.

ROUSSEAU, Jean-Jacques. *O Contrato Social.* São Paulo: Martins Fontes, 1996.

Atire a Primeira Pedra Quem Nunca Pecou

Irm∴ Francisco Paulo Trautwein
Or∴ Curitiba – PR

E os escribas e fariseus trouxeram-lhe uma mulher apanhada em adultério. E, pondo-a no meio, disseram-lhe: Mestre, esta mulher foi apanhada, no próprio acto, adulterando. E na lei nos mandou Moisés que as tais sejam apedrejadas. Tu, pois, que dizes? Isto diziam eles, tentando-o, para que tivessem de que o acusar. Mas Jesus, inclinando-se, escrevia com o dedo na terra. E, como insistissem, perguntando lhe, endireitou-se, e disse-lhes: Aquele que de entre vós está sem pecado seja o primeiro que atire pedra contra ela. **João 8:3-7**

A Ordem maçônica tem sido pródiga em permitir julgamentos em Loja. Como se apanhados no auge de suas perfeições, Maçons e não Maçons (travestidos de Maçons) sem saberem que são APRENDIZES DE MAÇONS lançam-se vez por outra a esta empreitada antimaçônica e antifraterna como se ungidos pelo GADU fossem.

Não temos um código de ética. Ele está subentendido em nossos princípios, leis e Rituais diversos.

Entre outros valores a compor um suposto código, no Preâmbulo do Ritual de Iniciação, algumas máximas são transcritas:

"É um sistema de Moral, velado por alegorias e ilustrado por símbolos."

> *"UNIÃO CONSCIENTE de homens inteligentes, virtuosos, desinteressados, generosos e devotados, Irmãos livres e iguais, ligados por deveres de fraternidade que concorrem pelo exemplo e pela prática, para esclerecer aos homens e prepará-los para a emancipação progressiva e pacífica da humanidade." ... "guiando seus adeptos à prática e ao aperfeiçoamento dos seus mais elevados deveres."*
>
> Mais à frente: *"incutir no íntimo dos homens a luz ESPIRITUAL E DIVINA que afugentando sentimentos de materialidade, de sensualidade e de mundanismo e, invocando, sempre, o G∴ A∴ D∴ U∴ os torne dignos de si mesmos, da família, da Pátria e da humanidade."*

Lembro-lhes do Art. 7º de nossa Constituição: "São deveres dos Maçons:

item VII – manter o mais completo sigilo sobre assuntos maçônicos e sobre assuntos tratados em Loja ou Triângulo, não os revelando a quem quer que seja, mesmo a Irmãos que deles não tenham tomado conhecimento regularmente;

item VIII – manter, no mundo profano, conduta digna e honesta, praticando o bem, a tolerância e a solidariedade, pautando-se pelos princípios de justiça e respeito aos poderes constituídos;"

Finalmente, quando Iniciados fomos instigados pelo Venerável Mestre: "Não devereis combater somente as vossas paixões, mas ainda a outros inimigos da humanidade como sejam: os hipócritas que a enganam; os pérfidos que a defraudam; os fanáticos que a oprimem; os ambiciosos que a usurpam; e os corruptos e sem princípios que abusam da confiança das massas. A estes não se combate sem perigo." ... Ao final a pergunta a qual: "Senti-vos com energia, resolução e dedicação para combater o obscurantismo, a perfídia e o erro?" e respondemos SIM.

Vamos aprofundar entendimentos sobre alguns julgamentos recorrentes em Loja?

Vamos? Então mãos à obra:

Para continuar ainda lembro aos Irmãos o CAPÍTULO V da referida Constituição: "Da Exclusão e da Suspensão dos Direitos, item II – cometimento de ato grave que viole os princípios da Maçonaria." ... porém a decisão foi tomada.

Ao final de mais um dia de trabalho juramos o "mais profundo silêncio sobre tudo quanto aqui se passou" sob o jugo de nossa constituição e possíveis punições. Todos juram que não falaram nada para suas esposas? Para o Irmão que faltou?

Quem tem apresentado trabalhos em loja como dever curricular de participação e progresso? Um, apenas um por gentileza?

Quem pode dizer para o Irmão que faltoso é, que o mesmo não deve fazê-lo?

Quem pode negar acesso aos Templos ao Irmão adormecido? É MELHOR PARA ELE E PARA A ORDEM NÃO ESTAREM EM LOJA?

Nestes casos, despersonifica-se o "Ser livre" e não se respeita em pleno 2013 o livre-arbítrio e as dificuldades do tempo laboral e pessoal presentes nas vidas alheias e, pior, sujeita Irmãos aos mais deselegantes e constrangedores cenários de uma sessão maçônica onde uma cobrança destemperada é a tônica em completa contrariedade aos desígnios maiores de nossos princípios e leis.

Pois que senão vejamos outras questões que mereceriam prioritariamente tamanho constrangimento:

Quem dentre os Irmãos tem emprestado dinheiro de Maçons e não Maçons sem pagar, fugindo às máximas citadas no introito deste trabalho?

Quem dentre os Irmãos causou desconforto em Loja por "picuinhas" e desavenças com outros Irmãos do quadro e, pior, às vezes até com Irmãos sanguíneos na vida Profana devido ao negócio ou aos convênios societários, igualmente em descompasso com nossos princípios e leis?

Quem dentre os Irmãos vem em Loja e nunca está em Loja?

Explico: Não faz perguntas...não propõe e não participa com o desempenho e disponibilidade pessoal.

Para não avançar mais, uma pequena pergunta sobre nosso comportamento Profano:

Qual Irmão está enviando e quem está abrindo vídeos pornográficos via internet, alimentando a prostituição infantil, as drogas e toda gama de atrocidades humanas alimentadas pela ambição e o banditismo?

Quem quer seguir a cartilha e se sujeitar ao autocrivo de pedir o *quiet et placet* em caso de não ter cometido ou estar cometendo um destes delitos?

Paro por aqui, pois senão fechamos esta oficina e, pior, a Maçonaria, isto se formos o que nosso patrono chamava (me perdoem o termo) de CAGA REGRAS em que a principal característica era "cagar as regras" com um detalhe: SOBRE OS ATOS DOS OUTROS.

Meus Irmãos, Breno Trautwein tratava das "Sessões Maçônicas desmotivadoras", do homem de bem, da Maçonaria e a humanidade, e dela, sua modernidade e seu futuro.

Podemos, em último caso, com certeza, mudar de patrono se continuarmos este caminho de seguir regras desprovidas de fraternidade e bom senso.

Irmãos, os Tempos e os Templos são de conciliação, de aprendizado, de trabalhar para se fazer exemplo.

Irmãos, nossa pedra a ser desbastada é muito maior do que aquela que executamos nosso primeiro trabalho quando Iniciados.

O tempo é mínimo em uma vivência terrestre.

Uma Loja maçônica é composta de homens, respeitemo-los.

Estamos na era da informação, e de sua velocidade e mais do que nunca do amar incondicionalmente... maçonicamente.

Passemos a perguntar o que fazer para melhorar nossos Obreiros e nossas Lojas, nossa cidade e nosso Estado, nosso país, nossa humanidade.

Aproveitemos este pesado texto e reaprendamos as lições de Santo Agostinho quando perguntado: O que deve o homem fazer para melhorar continuamente?

Respondeu com simplicidade um de nossos mestres:

"Ao final de cada dia o homem deve se perguntar primeiro; se seus atos ofenderam ao pai, depois, se de alguma forma suas ações prejudicaram ao outro e, finalmente, se tiver a graça de ter alcançado a glória de não ter atingido ao criador e aos semelhantes com suas ações, após um dia de trabalho, verificar por último se ele não feriu sua própria consciência."

Esta era sua proposta de melhora a ser efetuada todos os dias de uma existência.

Fico com ela e com o Art. 59 da anteriormente citada Constituição do GOP que trata dos direitos das Lojas:

item I – organizar, *modificar e interpretar* seu estatuto e regimento interno; e

item XIV – promover simpósios, jornadas de instrução, encontros de Maçons ou congressos, nos termos regulamentares;

Enfim, meus Irmãos, para quem ainda não entendeu: ATIRE A PRIMEIRA PEDRA QUEM NUNCA PECOU.

ANEXOS: PARA REFLEXÃO

No Art. 2º da Constituição do GOP está explícito "No Grande Oriente do Paraná, nas Lojas e Triângulos que agregam seus associados, na administração e gestão dos interesses comuns e institucionais, todos comprometidos com o atendimento aos "Regulamentos Gerais", aprovados no dia de São João Batista de 1721, constantes das "Constituições dos Franco-Maçons", também designada "Constituição de Anderson", publicada em 1723, e com os Landmarks, ...

No Art. 3º: "Será admitido como Maçom pessoa maior e *capaz*, de sexo masculino..." serão observados os seguintes princípios:

I – FUNDAMENTAIS:

a) reconhecimento da existência de um princípio criador, denominado Grande Arquiteto do Universo;
b) confirmação da liberdade, igualdade e fraternidade como preceitos orientadores da tolerância, concórdia e respeito como instrumentos obrigatórios das relações humanas;
c) proclamação de que o espírito prevalece sobre a matéria e de que o aperfeiçoamento social, intelectual e moral da humanidade deriva do cultivo da honra, da busca incessante da verdade, do cumprimento inflexível do dever, da solidariedade e da prática desinteressada da benemerência;
d) reconhecimento de todos os Maçons como Irmãos e da existência de laços fraternais entre todas as pessoas do universo, independentemente de suas raças, nacionalidades ou crenças;
e) consciência da necessidade de preservação da ecologia e do meio ambiente;
f) o amor à família, a fidelidade e devotamento à Pátria, a obediência à lei e o adequado comportamento moral como deveres essenciais do Maçom;
g) recomendação de que a propagação da doutrina maçônica deve ser feita pelo exemplo;
h) adoção de sinais e emblemas de elevada significação simbólica para reconhecimento mútuo entre Maçons;
i) condenação da exploração da pessoa, dos privilégios e regalias, enaltecendo o mérito da inteligência, da virtude e o valor demonstrado na prestação de serviços à Ordem Maçônica, à Pátria e à Humanidade;
j) combate à ignorância, superstição e tirania;
k) rejeição de todo e qualquer tipo de sectarismo, por ser incompatível com a universalidade do espírito maçônico;

l) defesa da plena liberdade de expressão de pensamento como direito fundamental do ser humano, exigida a correlata responsabilidade;

m) o culto da lenda do Terceiro Grau e sua incorporação ao Ritual;

n) conhecer o Maçom a si próprio utilizando-se do autoconhecimento como processo revelativo de sua vida interior;

o) manutenção de programas permanentes e renovados de educação e cultura, contendo estudos sobre civilidade, patriotismo, verdade, paz, responsabilidade coletiva, direitos humanos e sobre o combate à corrupção.

Art. 3º Será admitido como Maçom pessoa maior e capaz, de sexo masculino, indicado por um ou mais associado e aprovado mediante escrutínio na Loja ou Triângulo regular do Grande Oriente do Paraná.

Art. 6º São direitos dos Maçons:

I – igualdade perante as leis maçônicas;

II – liberdade de manifestação de pensamento nos meios maçônicos, com observância do previsto no art. 2º, II, letra d;

Art. 7º São deveres dos Maçons:

VII – manter o mais completo sigilo sobre assuntos maçônicos e sobre assuntos tratados em Loja ou Triângulo, não os revelando a quem quer que seja, mesmo a Irmãos que deles não tenham tomado conhecimento regularmente;

VIII – manter, no mundo profano, conduta digna e honesta, praticando o bem, a tolerância e a solidariedade, pautando-se pelos princípios de justiça e respeito aos poderes constituídos;

CAPÍTULO V

Da Exclusão e da Suspensão dos Direitos

II – cometimento de ato grave que viole os princípios da Maçonaria.

CAPÍTULO IV

Dos Deveres e Direitos das Lojas

Art. 58. São deveres das Lojas:

III – conscientizar os Membros do Quadro sobre as finalidades humanitária, filantrópica, de estudos e pesquisas e, principalmente, de defesa da liberdade de pensamento e da busca de uma perfeita concretização dos objetivos maçônicos;

TÍTULO IX

DAS DISPOSIÇÕES GERAIS

Art. 76. A Constituição Federal e a legislação infraconstitucional brasileira, as fontes do Direito e a legislação das Potências Maçônicas reconhecidas serão subsidiárias para a aplicação, por analogia, aos casos omissos nesta Constituição e nas leis que dela emanarem.

BIBLIOGRAFIA

Constituição do Grande Oriente do Paraná, promulgada no dia 17 de março de 2012.

Ritual de Aprendiz Maçom do GOP.

Fraternidade Maçônica

Irm∴ Renato Gabriel
Or∴ Juiz de Fora – MG

1) PEQUENO RESUMO HISTÓRICO DA MAÇONARIA BRASILEIRA:

O Primeiro Grande Oriente foi criado em 1822, até o final do século 19 houve várias cisões, voltando no final do século a união com um só Grande Oriente.

A grande cisão de 1927 e a criação das Grandes Lojas estaduais.

A cisão de 1983 e a criação dos Grandes Orientes estaduais.

A multiplicação de Potências se seguiu da multiplicação de Lojas e esta divisão causou, consequentemente, a redução da influência da Maçonaria na sociedade e, portanto, na política.

No início do século 21 deu-se a explosão de inúmeras Grandes Lojas e Grandes Orientes, até hoje sem o reconhecimento das 3 Potências já estabelecidas anteriormente (GOB, CSMB, COMAB)

2) O QUE DEVEMOS ESPERAR DA MAÇONARIA:

Moral, na Maçonaria, tem muito mais pregadores do que seguidores.

Xico Trolha

A Maçonaria não é um reformatório e nem uma escola de aperfeiçoamento de homens.

A Maçonaria é uma escola de FILOSOFAR, onde os seus Membros têm a oportunidade de se aperfeiçoar como ser humano, desde que realmente queiram e se esforcem.

O grande engano do MM é considerar que, ao chegar ao grau 3, se atinge a "Plenitude Maçônica". Na verdade se atinge o último grau da Maçonaria simbólica, que é a *verdadeira Maçonaria*, a *Maçonaria de fato*, *a Maçonaria de direito*, a *Maçonaria real*. O restante é estudo maçônico, que é apresentado de diversas formas, conforme o Rito, conforme o país, etc., tudo para reforçar as mensagens filosóficas que podem levar o MM ao lugar que ele almeja como Maçom e como homem.

O homem Maçom carrega consigo todos os defeitos inerentes ao ser humano, em especial o egoísmo e o excesso de vaidade e é preciso muita vontade e perseverança para superar estas suas inerentes características para uma saudável *vida em sociedade*.

Assim, o que se espera de um MM, pelo menos em minha opinião, é:

Que seja um Maçom COMPROMETIDO com a Maçonaria, pois não basta estar "envolvido" com a Maçonaria.

Um MM comprometido com a Maçonaria estará sempre preocupado com os destinos da ordem, com os destinos da sua Loja, com o bom e verdadeiro relacionamento entre os Irmãos. Portanto sempre seguindo e vivenciando os princípios maçônicos.

Por fim: um MM deve estar preparado para ser um instrutor para os Aprendizes e Companheiros e para assumir qualquer Cargo na sua Loja, inclusive o Cargo de Mestre.

3. FRATERNIDADE

Tenho observado que nós, Maçons, falamos muito em fraternidade e na verdade temos muita dificuldade em praticá-la.

A fraternidade maçônica, tão decantada, não tem sido tão praticada assim na nossa Maçonaria, ou, pior ainda, dentro das nossas próprias Lojas.

Tenho convivido com muitos "colegas de Maçonaria" mesmo dentro da nossa Loja, que se dirão entre Irmãos de outras Lojas? Como diria alguns de língua mais ferina: "Primos".

Por esses motivos ousei escrever este trabalho, que não tem por objetivo criticar Irmãos ou Lojas específicas, mas sim mostrar uma direção possível, mas não a única, para que nossa Maçonaria possa atingir um maior nível de excelência na obtenção do seu objetivo maior que é o "homem Maçom".

4. COMO PRATICAR A VERDADEIRA FRATERNIDADE

O grande segredo é a AMIZADE. Sem amizade nos tornamos colegas, ou talvez primos, de Maçonaria.

Vocês já viram uma família verdadeiramente unida onde os irmãos não são *amigos*? Obviamente que não viram, porque numa família (carnal) onde não impere a amizade, o comportamento dos irmãos dessa família será sempre de desunião, de desentendimentos, cada um cuidando da sua vida, ou seja – "cada um por si"

O mesmo nós podemos dizer da Maçonaria. Sem amizade não pode existir fraternidade e se não existir a fraternidade não existirá a irmandade. Portanto, não existirá a Maçonaria, ou, pelo menos, não existirá uma Maçonaria sadia que realmente alcance os seus principais objetivos.

Para que os Irmãos possam ter amizade entre si é preciso criar as oportunidades de relacionamentos e é preciso que todos colaborem para proporcionarem estas oportunidades de se conhecerem melhor, e de terem um mínimo de relacionamento familiar.

Meus Irmãos, para mantermos uma amizade familiar é

preciso incluir as Cunhadas nos nossos relacionamentos. A amizade entre nossas Cunhadas fatalmente irá reforçar a amizade entre nós, Maçons, e aí consiste um grande segredo de como praticarmos a fraternidade entre os Irmãos.

As entidades chamadas de "Fraternidades Femininas" proporcionam grandes oportunidades de relacionamento familiar. Destaco aqui, que as "Fraternidades Femininas" como entidades paramaçônicas podem incorporar Cunhadas de Irmãos de uma Loja ou de diversas Lojas. Quanto mais abertas, mais desburocratizadas e menos interferências dos Maçons tiverem, a não ser o apoio irrestrito, melhor estas entidades funcionarão para atingirem o objetivo maior de promover a amizade familiar no âmbito da Maçonaria.

Meus Irmãos, devemos prestar mais atenção a este assunto da manutenção da amizade entre os Irmãos. Devemos sempre manter no estado consciente o fato que vivemos em uma sociedade de homens que, apesar de serem "especiais", são seres humanos que incorporam todos os defeitos inerentes ao ser humano e, portanto, temos a necessidade de sermos magnânimos e altruístas e de controlarmos as nossas vaidades, e nossas atitudes mesquinhas.

Este comportamento de um verdadeiro Maçom, preocupado com a coletividade maçônica, só pode ser conduzido pela vontade consciente de ser verdadeiramente um Maçom que mantém amizade e AMOR por todos os Irmãos e que considera todos como verdadeiros IRMÃOS.

Se me permitirem, gostaria de transcrever para vocês um pensamento que recebi, algum tempo atrás, de um grande amigo e um grande Maçom, que hoje já ultrapassou a casa dos 90 anos. Trata-se do Irm∴ Armando Righetto do Oriente de Passos – MG. Righetto, como é mais conhecido, é nosso Membro Correspondente de primeira hora e é um escritor maçônico com vários livros publicados e centenas de trabalhos. Um maçonólogo respeitado.

> *O homem vulgar envelhece com o desfilar dos dias e o amontoar dos anos; o Espírito Superior, porém indiferente ao escoar*

inexorável do tempo, só se sente envelhecer com a perda dos seus ideais, com o aniquilamento das suas ilusões e com o abandono dos seus sonhos. Para o Maçom sempre haverá paz nos corações cheios de amor. A Maçonaria, canteiro de sua sementeira, será, sem dúvida, campo de sua colheita.

Através ***dos amigos como Irmãos*** *busquemos o apoio solidário e o amor que não tem fim.*

E, lembro-lhes que o trabalho é uma forma absoluta de Amor.

Mesmo sem nos conhecermos estamos irmanados. É necessário assim continuarmos.

Não marquemos o tempo de nos dar. Não hesitemos na nossa caminhada.

Se você, meu caro, está hesitando é porque você ainda não conhece bem o caminho ou, então, o esqueceu. Só se ama aquilo que se conhece bem e não se esquece daquilo que se ama.

Não procure conhecê-lo amanhã, nem deixe para amá-lo depois. O momento é agora. Abra seu coração, medite, engaje-se ou desista, adira ou perca-se. Nosso caminho é áspero, rejeita os fracos!

Nosso caminho é:

Para você, Maçom, que tem a alma cheia de ideais e de esperança;

Para você, Maçom, que vê manhãs nos crepúsculos dos dias;

Para você, Maçom, que sentindo o fascínio do mundo, acredita numa missão nobre;

Para você, Maçom, que mesmo vendo as misérias do homem, antevê um porvir sorriso, porque o ajuda a construir;

Para você, Maçom, que não caminha sozinho, arrasta os que o cercam e com eles cresce;

Para você, Maçom, que não se conformando com uma vida medíocre, quer caminhar mais além;

Para você, Maçom, vanguarda de um ideal e que traz o coração cheio de amor.

Meu Irmão, a Maçonaria é hoje canteiro de sua semeadura. Sem dúvida, será, amanhã, campo de sua colheita.

Avante Semeadores!

Os Maçons Diante da Degradação Ética na Sociedade

Irm∴ Derly Halfeld Alves
Or∴ Juiz de Fora – MG

Durante o desenvolvimento ritualístico da Iniciação de um Profano ele ouve algumas vezes a seguinte expressão: "porque é Livre e de Bons Costumes", e na sequência é constituído e declarado *Maçom*.

E como devemos analisar o "Ser Livre e de Bons Costumes?

O Maçom deve ser um homem essencialmente livre de qualquer vício que o torne dependente, que o torne um cidadão de caráter duvidoso. Em vez disso deve ser um exemplo dignificante principalmente no meio social profano onde convive.

Jamais seguir ou apoiar os atos indignos praticados, mormente, por políticos, que se apoderam do erário público para, descaradamente, afrontar os que lutam pela dignidade humana.

São homens ou mulheres que manipulam grande parte da sociedade, principalmente a do nosso país, em uma sociedade degradante, escrava de ofertas mesquinhas que em parte as tornam escravas eleitoreiras, em troca de uma migalha alimentar.

Pessoas influentes e possuidoras, na grande maioria por benesses das maiores autoridades governantes, que sem o mínimo decoro, praticam tudo quanto se diz contrário, não só da moralidade, como principalmente da ética.

Para os que assim agem, e são muitos, a **Degradação** não é uma "Destituição ignominiosa de um grau ou dignidade, assim como uma deterioração".

A **Ética**, que deveria ser uma "Parte da filosofia que estuda os deveres do homem para com Deus e a sociedade, uma deontologia, ou uma ciência da moral", não faz nenhum sentido para os que não a prezam.

De igual forma, no conceito da **Moral**, que também é "parte da filosofia que trata dos costumes e deveres do homem; que tem bons costumes", os dotados de maus costumes não se engajam.

Em meu Livro "Peças de Arquitetura – vol. II", – Editora Maçônica "A TROLHA" – 2008, às folhas 21 a 24, sob o título "A Lógica Maçônica", assim defino o que é a Maçonaria e o Maçom:

> *Maçonaria não é uma seita, nem uma religião, nem uma facção política. É uma comunhão de **Homens Livres e de Bons Costumes**, escolhidos entre aqueles que, a par de boas referências, tenham instrução suficiente para compreender e praticar os ensinamentos maçônicos e seus métodos de Moral em movimento velados por Símbolos e alegorias tradicionais.*

A família, até então tida como a "célula máter" da sociedade, passou a ser, no dizer de Mário da Silva Brito, a "célula mártir da sociedade", a cada dia se desvirtua de uma unidade que deveria ser fundamental na constituição de uma sociedade mais humana, mais integrada entre os seres humanos.

Infelizmente o que se assiste nos dias correntes é a depravação familiar, onde pais e filhos se digladiam, mães que jogam recém-nascidos nas lixeiras, onde um adolescente, ainda imberbe, mata a tiros pais, avós e com toda calma extermina sua própria vida.

Esta é a sociedade em que vivemos e que nos obriga a conviver com ela, posto que nossa própria sociedade, que até então era denominada "sociedade secreta", vai perdendo aos poucos se caráter fundamental.

Criam-se Lojas oriundas de grupos que perderam as eleições, e o que é mais grave, são inteiramente apoiadas pelas cúpulas maçônicas, que visam muito mais arrecadação do vil metal do que engrandecer a Ordem.

Assim, cabe a nós, como Maçons, a prática do exemplo para que a nossa sociedade torne-se realmente urna reunião irmanada, dotada sempre de ótimos costumes, para o bem público, praticando, como Maçom, o hábito do bem, ou seja, a virtude, aliada a uma disposição estável para agir corretamente, que segue os ditames da moral, opondo-se ao vício, que é o hábito do mal, ou uma disposição estável para agir mal.

Concluo com um aforismo do Barão Dietrich de Holbach:

> *A moral (ou a ética) é o conhecimento do que devem necessariamente jazer ou evitar os seres inteligentes e racionais que pretendem conservar-se e viver felizes na sociedade.*

E o Maçom deve ser, sobretudo, Inteligente e Racional, Ético e Moralista!

Ética: Princípio Absoluto ou Prática Concreta em uma Visão Histórica

Irm∴ Luiz Carlos Trainini
Or∴ Porto Alegre – RS

Existe alguma confusão entre o Conceito de Moral e o de Ética. A etimologia destes termos ajuda a distingui-los, sendo que Ética vem do grego "*ethos*", que significa modo de ser, e Moral tem sua origem no latim, que vem de "*mores*", significando costumes.

Esta confusão pode ser resolvida com o estudo em paralelo dos dois temas, sendo que Moral é um conjunto de normas que regulam o comportamento do homem em sociedade, e estas normas são adquiridas pela educação, pela tradição e pelo cotidiano. É a "ciência dos costumes".

A Moral tem caráter normativo e obrigatório.

A Moral sempre existiu, pois todo ser humano possui a consciência Moral que o leva a distinguir o bem do mal no contexto em que vive. Surgindo realmente quando o homem passou a fazer parte de agrupamentos, isto é, surgiu nas sociedades primitivas, nas primeiras tribos. A Ética teria surgido com Sócrates, pois se exige maior grau de cultura. Ela investiga e explica as normas morais, pois leva o homem a agir não só por tradição, educação ou hábito, mas principalmente por convicção e inteligência. Ou seja, enquanto a Ética é teórica.

Observamos à distância as minorias no Brasil. Sofrem discriminação política, cultural, racial, profissional e empregatícia. Há dificuldade de acesso a boas escolas, bairros mais nobres e, como consequência, desvantagens na competição.

Mas o que faz o governo? Melhora as condições de base, como saneamento, saúde e educação ou simplesmente mantém-nos como sub-raça, dando-lhes quotas de consolação, verdadeiras esmolas, comprando seu silêncio e conformismo, mantendo e aumentando o abismo entre as classes, minando-lhes a vontade de crescer, na busca de seus reais valores?

Contudo, dar acesso ao Emprego e à Escola, em um pensamento imediatista é Ético, mas, dessa forma, comprando sua consciência é Moral? E o que faz a Maçonaria? "Cala-se". A lo largo.

Porém, diante do Politicamente Correto é mais fácil não dizer nada e deixar as coisas andarem e que se ajeitem. Esse nunca foi e nunca será papel Ético nem Moral da Maçonaria, mas o de lutar sempre e a qualquer custo pela Liberdade, Igualdade e Fraternidade, independentemente de que corrente política dirija o Brasil. Observamos a lo largo à distância a discriminação política, étnica e cultural das minorias no Brasil, as quais sofrem segregação profissional e empregatícia. Há dificuldade de acesso a boas escolas, bairros mais nobres e, como consequência, desvantagens na competição.

DISCURSO DO PRESIDENTE VLADIMIR PUTIN

No dia 04 de fevereiro de 2013, Vladimir Putin, o Presidente russo, falando à DUMA (Parlamento Russo), discursou sobre as situações de tensão que se dá com as minorias na Rússia:

> *Na Rússia vivem Russos. Qualquer Minoria que queira viver, trabalhar e comer na Rússia, deverá falar Russo e respeitar as leis Russas. Se preferirem a Lei Sharia, então avisamo-los para irem para os países onde essa seja a lei estatal.A Rússia não tem necessidade de minorias. As minorias é que necessitam da Rússia e nós não lhes concederemos privilégios especiais, nem mudaremos nossas leis para ir ao encontro dos seus desejos, não importando quão alto gritarem "Discriminação!"*
>
> *Será melhor que aprendamos com os erros da América e Europa, se quisermos sobreviver como nação. Os costumes e tradições Russas não são compatíveis com a falta de cultura ou os modos primitivos da maior parte das minorias.*
>
> *Quando esse corpo legislativo pensar em criar novas leis, deverá ter em mente em primeiro lugar os interesses nacionais, atendendo que as minorias não são Russas.*

Como Putin, não deveria haver quotas ou privilégios para as minorias, pois *todos falam português* e diferenciá-los pela cor é a mais pura e velada forma de racismo, deveria sim ser respeitada nossa Carta Magna:

> *Todos são iguais diante da Lei.*

Ou, ainda, como está expresso no 22º Landmark:

> *Todos são iguais em Loja.*

CRISE DA MAÇONARIA NO BRASIL

Qualquer análise da crise da Maçonaria precisa levar em conta que ela não é a única instituição que está perdendo Membros ou que perdeu o apelo às novas gerações. Mas, no que nos interessa, é preciso discutir essa crise para tentar, senão resolvê-la, pelo menos reduzir sua intensidade ou cercear suas consequências.

A Maçonaria é afetada por sua pluralidade de Ritos e Rituais. Porém, apesar de sua intenção subjetiva em relação ao que se espera dos Irmãos, há um importante caráter cultural, pois sua existência nos diferencia de outras associações, ou seja: sem Ritual e Rito não existe Maçonaria. O problema reside na metodologia de recrutamento de novos Membros. Cada Rito tem suas distintas características.

Alguns sugerem que o Candidato tenha a opção de escolher o Rito e Potência que melhor se ajustem aos seus interesses. Embora ainda não saiba como funciona a Ordem, seu preâmbulo, deveres e obrigações, mas deveria passar por palestras sobre eles, e após ser encaminhado a uma Loja do Rito mais próximo em seu Oriente, segundo sua preferência e conveniência.

Entretanto, seria Ético dar todas essas informações ao Candidato que está sendo indicado, sem saber se será aprovado? Será Moral considerá-lo já Membro da Ordem, ainda que nada conheça de seus preceitos e normas?

No R.˙. E.˙. A.˙. A.˙., em 1927, a cisão dos Supremos Conselhos, com a fragmentação do edifício da Maçonaria, iniciou-se uma desconfiança e descrença em seu sentido e seriedade:

"Ela seria Ética? Seria Moral?"

Não estava claro o verdadeiro sentido da separação e limites entre o Simbolismo e os Altos Graus e se houve por parte de alguns interesses não muito esclarecedores. A situação deveria ser resolvida de forma muito aberta e simples.

(http://bibliot3ca.wordpress.com/pequenaa- historia-da-maconaria-no-brasil-william-almeida-de-carvalho/):

> *Até a primeira cisão de 1927, a história da Maçonaria brasileira e a história do Brasil andavam juntas, intimamente unidas em suas ações e funções. Pelas ingerências políticas e rumos que se seguiram, esse grupo coeso e coerente perde sua identidade*

e seu rumo, enfraquecendo sua força orientadora e balizadora na balança política nacional. Não mais caminhando lado a lado. Como se os interesses divergissem ou se "houvesse receio de qualquer envolvimento", ao ponto de que, se algum Irmão agisse com pulso firme, fosse taxado de reacionário.

Na verdade estava sendo copiada a famosa frase de um "pretenso estadista brasileiro, Doutor Honoris Causa:

"Eu não sabia de nada!"

O que diferencia a Maçonaria de então e a atual?

Pelo grave desrespeito à Ética e à Moral, achincalhamento de nossos mais justos valores e o silêncio da Maçonaria, gerou-se descrédito e desinteresse. Para alguns houve mudança cultural em todos esses anos, relacionada ao exercício da política, para outros, entretanto, beiramos à barbárie.

Os jornais e a televisão citam em seus editais que no século passado houve duas ditaduras, com suas ações no sentido de matar a militância política, mas hoje elas são compradas; ética e moralmente não ganhou a Sociedade, vedando o surgimento de lideranças. Havia mais gosto e crédito pela política antes da década de 30 do que principalmente agora.

Na Maçonaria, a diferença está na mudança de foco da realidade social e ação política na sociedade, para o Rito, a Loja e a política interna. O fulcro deixou de ser a Sociedade e a Comunidade passando à pura e simples distração na forma teatral de conduzir o Ritual, com total abstração do mundo exterior, preocupando-se se os Irmãos estão lendo certo o Ritual, se o Giro está perfeito, se os paramentos estão em ordem, se estamos visitando outras Lojas. Contudo, não apresentamos Instruções de verdadeiro cunho Moral e Ético.

Percebem-se Maçons perdendo um tempo enorme em parabenizar uns aos outros pelos seus trabalhos em Loja, mas não constroem, nada acrescem, trazendo assuntos não pertinentes à Ordem nem aos reais problemas comunitários.

Há uma crescente preocupação nos Ritos por sua riqueza simbólica, distraindo os Maçons da verdadeira ação política e social que caracterizava a Maçonaria pré-1927 e que, ausente nos dias atuais, leva os novos Membros da Ordem ao desencanto e à decepção. O Canto da Sereia foi a imagem pública criada pela ação daquela Maçonaria, séria, secreta e decisiva diante dos reais problemas brasileiros, mas que se mostrou mera quimera.

Logo após a Iniciação tantos se decepcionam, abandonando um sonho, um malogro ao descobrirem que nada mais era do que um clube vazio, com suas vaidades, sem conteúdo.

No passado, por sua estrutura enxuta e despojada, quase ascética, servia aos propósitos dos Maçons, ou seja: abria-se a Loja, lia-se a ata para informação de eventuais ausentes à reunião anterior, e partia-se para uma ordem do dia significativa, em que eram discutidos (geralmente em descanso ou em família), por vezes, até os destinos da nação e a Loja era então fechada. Não havia distrações, o Rito não era encarado como um exercício em si e privilegiava-se a ação fora de Loja. A Maçonaria era um meio de se atrair e congregar lideranças políticas, empresariais e sociais, não a mera prática Ritualística.

Há abnegados Maçons que tentam reconstruir essa antiga e verdadeira Maçonaria, mas sem muito apoio, como sempre ocorre aos que se dedicam a uma causa: por inveja são taxados de donos da verdade ou que querem fazer tudo sozinhos, mas o auxílio necessário não lhes é dado.

Mas, se Maçonaria é o relacionamento, aquele elo invisível criado na Iniciação e a vontade de realizar alguma coisa em prol da sociedade, usando nossa força combinada, nossos conhecimentos e relações para alavancar essa ação, a Ética e a Moral não nos induz a que todos trabalhemos por essa causa, usando o potencial de cada um, na medida de nossa capacidade?

Não é um visitar a Loja do outro apenas repetir as falas, discutindo banalidades e reunir-se para jantar. Quando estamos na

Sala dos Passos Perdidos, não deveria ser um desfile de Aventais coloridos, colares vistosos e comendas, urdir acordos para dirigir a Loja, mas estar ciente de que fora do Templo há um enorme trabalho de polir a Pedra Bruta, não só a pessoal, mas da classe política como um todo, implementar valores e com eles alimentar a humanidade; defender os injustiçados, defender a comunidade.

A crise da Maçonaria está na falta de objetivos fora de Loja, não podendo pensar-se o Maçom como sinônimo de Ética e Moral sem valores reais e bem definidos na construção de seu *Edifício interior e Edifício exterior.*.

A Crença no Ser Supremo seria mais livre e clara, sem preocupar-se na Crença de seu Irmão.

DESRESPEITO NACIONAL

A Câmara Federal, em 20 de agosto de 2013, julgou e votou secretamente sobre o destino do Deputado Federal Donadon – AC, condenado pelo Superior Tribunal de Justiça, por desvio de verbas, roubo e formação de quadrilha.

Para nossa perplexidade geral, mas sem nenhuma surpresa, partindo de seus pares, quando o mais lógico, ético e moral é que fosse cassado, suas excelências, com a mais torpe vilania e deboche, absolveram-no.

O mais triste nem foi a decisão dos presentes, mas a ausência de 108, que não compareceram, escondendo-se na covardia de não expressar suas honrosas decisões.

Pergunta-se:

É Ético votar em seus pares?

É Ético esconder-se no Voto Secreto?

É Moral inocentar a um criminoso?

É Moral fugir da votação?

Pergunta-se por fim:

Onde estava a Maçonaria nesse triste momento?

"O terceiro estado clama por justiça."

No período que antecedeu a revolução francesa o Povo era considerado o Terceiro Estado, já que a Monarquia e o Clero eram o Primeiro e o Segundo, donos de todos os privilégios.

O Planalto é o Primeiro Estado, a Classe Política o Segundo Estado e o Povo, que não tem voz nem vez, por enquanto, o Terceiro Estado.

Estamos caminhando para outra Queda da Bastilha, haja vista os movimentos de repúdio em todo o país.

Se enumerarmos os infindáveis problemas, citaremos nossas leis brandas, favorecendo aos infratores, nosso Supremo dividido, taxas elevadíssimas de impostos, desvios enormes do erário público, sem qualquer controle ou pudor, o malfadado Mensalão, em que réus vergonhosamente culpados terão sua liberdade e absolvição, para chacota internacional sobre a corrupção brasileira, índices elevadíssimos de analfabetismo, criminalidade crescente e o que faz a Maçonaria?

Onde estão os Maçons com sua Ética e sua Moral?

Estão os Grandes Orientes e a Grande Loja desencadeando um Movimento qual Grito da Independência?

Nosso Hino Nacional será cantado com orgulho como a Marselhesa?

Não há necessidade de darmos nosso sangue em holocausto, mas ir às ruas, movimentar as Lojas, enviar comunicados a todos os Irmãos, discutir nos Templos, cobrar da classe política, exigir o respeito à Lei, participar de movimentos organizados.

Esse é o papel e legado Maçônico.

Está na Bandeira Mineira, ao redor do Delta:

Libertas quae sera tamen.

Liberdade ainda que tarde.

Observem que é um Símbolo Maçônico.

Através de Embargos Infringentes, nove anos de trabalho do Supremo Tribunal Federal, milhões de reais gastos de nada valerão porque Ministros sabidamente alinhados com os réus e sua corrente partidária, buscando minúcias na Lei, libertarão homens sabida e comprovadamente corruptos, desonestos e que serão saudados como heróis. Mas a Ética e Moral, enxergada por qualquer cidadão brasileiro, por mais inculto e humilde que seja, será novamente vilipendiada.

Onde estamos nós, Maçons Brasileiros, com nossa Ética e Moral?

O Congresso Nacional acaba de aprovar pela votação de 452 votos, por unanimidade, o fim do voto secreto em todas as votações em plenário. Agora vai para o Senado, onde deverá ser votada por dois turnos e, só depois, passa a valer para todas as votações, mas não por beneplácito, honra ou sentimento de justiça dos Nobres Deputados ou da Senhora Presidente, e sim pela força do clamor das ruas.

Qual foi a participação de nossa Ordem?

MÉDICOS CUBANOS

Em 2013, o Brasil, alegando que não havia médicos para atender à demanda do SUS, ou em algumas comunidades distantes do Brasil, importou 4.000 médicos cubanos.

Essa apressada definição seria uma atitude Moral e Ética, entretanto, o que não foi dito à população que imagina ter seus males diminuídos é que foram importados verdadeiros escravos.

Pelo contrato, foi repassado à OPAS (Organização Pan-Americana da Saúde, braço da OMS), em contrato por cinco anos, renováveis por mais cinco, o valor de R$ 10.000,00 mensais. Ela retira sua porcentagem, repassando ao governo cubano, que retirará sua parte, repassando para o governo brasileiro (ou melhor, a um partido político) e, no final, Cuba pagará a esse pobre médico o equivalente a R$ 100,00 (pasmem, de R$10.000,00, R$9.900,00 ficarão pelo caminho) e mais: enquanto estiverem no Brasil, suas famílias serão vigiadas e, se tentarem evadir-se, serão deportados, sofrendo graves sanções, bem como os seus familiares.

Por um verdadeiro golpe, o Governo Federal dispensou a Prova Médica de Revalidação do Diploma para quem se forme fora do Brasil, seja brasileiro ou estrangeiro, mesmo que sejam nas melhores universidades do mundo e por quê?

Os médicos cubanos não passariam.

Não há a mínima Ética ou Moral em qualquer tipo de escravidão e é o que foi ardilosamente preparado.

Como a Maçonaria Brasileira está procedendo diante desses tristes fatos?

O Convênio com a OPAS é de 510 milhões de reais. Quantos médicos brasileiros, com muito boa formação médica e especialização, seriam pagos com esses valores? Houve uma real campanha convidando-os, como as dispendiosas propagandas partidárias ou um leve, vago e pouco esclarecedor convite?

Onde está a Maçonaria nesse crucial momento da saúde brasileira?

REFERÊNCIAS BIBLIOGRÁFICAS

ASLAN Nicola, *Grande Dicionário Enciclopédico de Maçonaria Simbólica.* 3ª ed. Londrina: "A TROLHA", 2012.

DA CAMINO, Rizzardo. *Dicionário Maçônico.* São Paulo: Madras, 2006.

DA FONSECA, Walter Luiz. Artigo Ética na Maçonaria. In: ______. *Caderno de Pesquisas 22*, Loja "Fraternidade Brazileira" de Estudos e Pesquisas. Londrina, "A TROLHA", 1994.

DA SILVA et DOS SANTOS, João Alves et Bartolomeu Martins. Você é um Maçom Ético? *Ramos de Acácia.* Londrina: "A TROLHA", 2009.

MC NALLY, Luiz Javier Miranda. *Uma Nova Ética surge das Convulsões Sociais*. Londrina: "A TROLHA", 2007.

RODRIGUES, Raimundo. Moral & Ética. *Cartilha de Mestre*. Londrina: "A TROLHA", 2008.

SÁ, José Anselmo Cícero de. A Necessidade Prática do Senso Moral na Sociedade Moderna. *Tempo de Estudo Maçônico*. Londrina: "A TROLHA", 2012.

SANSÃO, Valdemar. *Ser Maçom*. Londrina: "A TROLHA", 2005.

SANTOS, Ranulpho Pereira dos. Algumas Reflexões sobre a Maçonaria Dentro e Fora de Nossos Templos. *Caderno de Pesquisas 22*, Loja Maçônica de Estudos e Pesquisas. Londrina: "A TROLHA", 2008.

TORRENT, Francisco Carlos S. "Xico Torrent". Ética. *Maçonaria no Século XXI*. Loja "Fraternidade Brazileira" de Estudos e Pesquisas. Juiz de Fora: Loja de Pesquisas, 2005.

O Mestre Instalado

Irm∴ Hamilton Oceano Martins
Or∴ São Paulo – SP

Desde os tempos remotos da Maçonaria Especulativa tivemos conhecimento de uma Cerimônia de Instalação.

Como Marco Zero, vamos à eleição do primeiro Grão-Mestre da Grande Loja da Inglaterra (Londres), em 1717. O Reverendo James Anderson, na II edição do livro das Constituições dos Maçons de 1738, descreve os acontecimentos:

> *Os Irmãos presentes, levantando as mãos, designam Antony Sayer, Grão-Mestre dos Maçons, sendo o mesmo imediatamente investido, pelo maçom mais antigo, com todas as honras e direitos que o cargo lhe conferia.*

Para a fundação da Grande Loja reuniram-se os Maçons das Lojas Macieira, O Ganso e a Grelha, Copázio e das Uvas e a Coroa. As Lojas não possuíam título distintivo nem número – eram conhecidas pelo local das reuniões, geralmente em estalagens, onde também realizavam os ágapes. Nesta Sessão de preparação para a fundação da Grande Loja ficou decidida a data de 24 de junho, dia de São João Batista, na Loja O Ganso e a Grelha.

Abertos os trabalhos, o Maçom Companheiro (Mestre da Loja) mais antigo propôs uma lista de Candidatos ao Cargo de Grão-Mestre, sendo eleito, para mandato de um ano, por maioria de votos e pelo sistema tradicional de levantar as mãos, Anthony

Sayer, desenhista arquiteto na construção da Catedral de Saint Paul. Foi seguido em 1718 por George Payne e, em 1721, por Jean Theophile Desaguliers.

Num simples gesto de levantar as mãos, ficou estabelecida a Instalação do Venerável Mestre. Embora os atuais "maçonólogos" defendam que a Instalação é um cerimonial exclusivo para o Rito de Emulação, vale aqui lembrar que à época não existia denominação de Rito, pois todas eram chamadas "Cerimônias exatas da Arte Real".

Se procurarmos na "Constituição de Anderson" de 1723, não encontraremos o título de Mestre Instalado, pois lá encontramos o Mestre da Loja e Vigilantes. O Mestre da Loja não recebia outra nomenclatura. Após presidir a Loja por um mandato, voltava à condição de Companheiro, pois nenhum Irmão poderia ser Vigilante antes de ter passado pelo Grau de Companheiro, nem Mestre da Loja sem antes ocupar as funções de Vigilante, nem Grande Vigilante antes de ter sido Mestre de Loja e assim sucessivamente.

INSTALAÇÃO DO VEN∴ MESTRE GLESP 1945 RITUAL DE INSTALAÇÃO

Durante muitos anos a eleição na Loja definia o Venerável e os ocupantes dos demais Cargos. Para oficializar o Veneralato, os eleitos ao primeiro Malhete da Loja compareciam à GLESP e, num cerimonial muito simples, conduzido pelo Grão-Mestre, eram instalados e, em seguida, voltavam às suas próprias Lojas e davam posse à sua administração – no Rito Escocês Antigo e Aceito, o único praticado na época:

- 1º Vig∴
- 2º Vig∴
- Tesoureiro
- Secretário
- Diáconos

- Guarda do Templo
- Mestre de Cerimônias
- Comissões etc.

A partir de 1945, quando o Grão-Mestre era Carlos Reis Filho, o Irm∴ Amador dos Santos Fernandes, eleito Venerável Mestre da Loja "Mário Behring", foi um dos primeiros a ser instalado na GLESP pelo novo Ritual de Instalação que ele mesmo ajudou a elaborar, colocado em vigor naquele ano.

São quatro os sinais dos MM∴ II∴, dois penais e dois causais:

- Chamamento
- Prumo
- Cortado Ombro
- Língua

Ao longo dos anos, os "maçonólogos" integrantes das sucessivas Comissões de Liturgia foram acrescentando uma série de invencionices, que por vezes nos deixam preocupados com tantas mudanças injustificadas, já que estas têm resultado na perda da pureza da essência do Ritual.

INSTALAÇÃO DO G∴ O∴ B∴ SOBERANO GRÃO-MESTRE DR. MOACYR A. DINAMARCO 1968/1973

Posto em prática o novo Ritual para Instalação dos Veneráveis Eleitos por uma comissão com representatividade do Grão-Mestre da GLESP, o GOB, através de seu Sob∴ Grão-Mestre, solicita ao Irmão Nicola Aslan um parecer sobre o Rito ora empregado pela GLESP.

EXPOSIÇÃO DE MOTIVOS E EXPLICAÇÕES SOBRE O RITUAL NICOLA ASLAN

Em que consistia a cerimônia de Instalação? Nada se sabe a respeito. Sabemos que por volta de 1752, quando a GLI se dividiu em duas facções, a dos antigos e a dos modernos, os primeiros levantaram a acusação contra os segundos em várias questões, principalmente de permitirem que a cerimônia esotérica de Instalação de um Venerável caísse em desuso.

Trata-se, pois, de um cerimonial que remonta às próprias origens da Maçonaria Especulativa. Objeto de descaso durante alguns decênios por parte dos modernos, mas rigorosamente praticado pelos antigos, a Cerimônia de Instalação de Veneráveis foi sancionada em 1810 pela GLI e classificada como um Landmark. Segundo Nicola Aslan, o Ritual de Instalação no Brasil procede da Maçonaria Francesa.

Para defender sua tese, usou um estudo minucioso sobre Adonhiram, tendo como fonte principal a Bíblia (Reis l, IV, V13, V14, XII, 18, Crônicas etc.).

Como se sabe, a Bíblia não fala de Hiram Abif. São lendas pedagógicas maçônicas de conteúdo esotérico, de acordo com o conteúdo iniciático da época.

Nossa Maçonaria está montada sobre muitas lendas que vão se sustentando através dos anos.

GABAON – O Ritual de Instalação de Venerável traduz a palavra GABAON, sem maiores explicações, por "MESTRE PERFEITO".

Diz, no entanto, J. Boucher, em "Symbolique Maçounique": GABAON, Colina – É entre os gabaonitas que foi depositada a Arca da Aliança enquanto se esperava a edificação do templo. GABAON era uma grande cidade da tribo Ben-Yamin onde foi guardado o cofre da Arca da Aliança até Davi carregá-la para Sião.

GABAON – No Rito Moderno se dá este nome aos Mestres, porque assim como os gabaonitas foram os fiéis guardiões da Arca da Aliança, o Mestre deve velar pela conservação da Ordem e da disciplina.

No Rito de York, a palavra do Mestre Instalado é Ghiblim,

um vasto campo para novas análises. A palavra Ghiblim significa "Talhadores de Pedra" (Reis V, 17 e 18).

Portanto podemos afirmar que a palavra primitiva que foi corrompida em Gabaon e Gabanon deve ter sido Ghiblim, isto é, os Talhadores de Pedra.

Como se sabe, nos Rituais em geral, tanto nos primitivos como nos atuais, escrevem-se apenas a primeira letra das palavras sagradas e de Passe. Um simples esquecimento pode ter transformado Ghiblim em Gabaon. Não nos esqueçamos de que a Maçonaria Francesa esteve adormecida entre 1793 e 1796, época da Revolução. Na verdade, Ghiblim oferece mais relação com o Mestre Instalado do que GABAON.

Existe, porém, uma relação entre Gabaon e o Mestre Instalado, encontrada em II Crônicas 1, 3, 6-8 e 10-12.

Ainda no Rito Schröder, encontramos no Ritual de Mestre as Palavras de Passe: Ghiblim ou Cássia.

Finalizando a explanação, Nicola Aslan conclui pela introdução do Ritual de Instalação no GOB no ano de 1968, porém há de ressaltar que o último Ato do Grão-Mestre Álvaro Palmeira (GOB 1968) foi instituir a Instalação do Venerável, sem ainda possuir o Ritual para a Cerimônia.

Observe-se que os Sinais do Mestre Instalado, causais e penais, com exceção do de chamamento, são os mesmos – o de chamamento foi substituído pelo TAU invertido por três vezes.

O Rito Schröder renascia, em 1956, na Loja Concórdia e Humanitas, Porto Alegre, RS. Em 1998, o mesmo estado realiza o 2º Seminário do Rito e São Paulo se apresenta com 5 Mestres Instalados – Hamilton Oceano Martins, Flavio Carramillo, Rubens Nogueira Cândido, Annibal Mantovani e Oswaldo Ortega (os dois últimos já no Oriente Eterno).

Até aquela data não se realizava a Cerimônia de Instalação no Rito. A Loja elegia o Mestre da Cadeira, que cumpria seu mandato e voltava à condição de Mestre. Naquela ocasião, este Irmão que vos fala levou para o Seminário a criação do Ritual de Instalação, explicando as razões: quem não passasse pelo Cerimonial de Instalação não poderia frequentar o Ven∴ Colégio, as reuniões de MM∴ II∴ e ocupar Cargos na GLESP.

Foi implantado por grande maioria, porém todos os Mestres rio-grandenses votaram contra, implantando o cerimonial somente cinco anos depois.

O Mestre que passou pelo Ritual da Instalação deve orgulhar-se de ter tido a responsabilidade de responder por sua Loja por um período administrativo, eleito por seus Irmãos, que é a maior honraria que uma Loja pode conceder a um Obreiro.

OBRAS CONSULTADAS

ASLAN, Nicola. *Exposição de Motivo GOB.*

CASTELLANI, José. *O Mestre Instalado*. Londrina: "A TROLHA".

DIAS, João (Gimenez). *GLESP: Quem e como fizeram sua história.*

GUIMARÃES, João Nery. Constituição de Anderson.

R∴ E∴ E∴ A∴ Ritual. GLESP.

R∴ Schröder Ritual. GLESP.

Ritual de Instalação. GLESP.

SOUZA FILHO, Ubirajara. *O Rito de Schröder*.

LOUREIRO, Milgar C.. Encontros 23 Londrina: "A TROLHA".

XICO TROLHA. *Ritos & Rituais*. Londrina: "A TROLHA".

Eu Sou o Senhor do Meu Destino

Irm∴ António Faria
Or∴ Portugal

(*"I am the master of my fate"*, William Ernest Henley, 1849-1903, Invictus, *The Song of the Sword)*

INTRODUÇÃO

A agressão e a quantidade de vítimas e agentes, revelados em causas de natureza ética, despertam sempre a maior atenção. Toca aspetos nobres da natureza humana e tudo indica que se trata de um problema avassalador e o facto de estarmos muito informados não significa que estejamos na posse da informação certa.

O estudo dos registos, crónicas, relatos, literatura, arte e outras fontes a que nos é dado acesso, permite descobrir a cada passo aspetos surpreendentes. O refinamento dos estímulos e das tecnologias utilizadas aumentaram a capacidade de informação e de notícia reduzindo os valores à dimensão mais agressiva. A privacidade nunca existiu. Existia a sua ocultação ou, as mais das vezes, a submissão à falsidade e ignorância dos procedimentos. Paradoxalmente, muito do que parecia ser escandaloso tornou-se hábito. O que, no Ocidente, era ontem uma sociedade de abundância, apresenta não só empresas, mas também cidades e países falidos. O potencial informativo permite dizer que as aparências não encobrem a realidade. Desabou sobre nós um processo de consciencialização alargada, quantitativamente inédito na História. Vivemos essa revolução.

Os filósofos do Direito Natural, os cientistas naturais que criaram ou impulsionaram a Maçonaria contemporânea, afirmavam que a lei civil gerou a iniquidade entre os homens. Hoje verificamos que os ordenamentos jurídicos e a profusão de códigos e leis avulsas são de tal ordem que a quantidade e a variedade impedem a justeza da justiça, encobrem a imoralidade, o vício, a corrupção. A lei, criada para administrar a justiça e gerar a equidade, corre o risco de se tornar sinónimo de injustiça. O juízo moral aparece deste modo imediatamente condicionado pelas necessidades e interesses do juízo político que lhe dá forma e exequibilidade.

Alguns anos atrás elaborei um tratado, que intitulei *Síndrome de Agripa*, "doença" que afecta aqueles que se lançam na atividade pública sem avaliar o que tal decisão implica. Dei a essa síndrome o nome do velho cônsul de origem plebeia que, na Roma Antiga, gozou de grande reputação ética, respeitado como grande orador, que foi chamado para travar a guerra civil entre cidadãos, plebeus contra os patrícios que dominavam o estado romano, em 494 a.C. Esses cidadãos seriam condenados à escravatura por falta de pagamento das dívidas. Nenhum dos cônsules ou senadores conseguiu deter a guerra civil. Com palavras brandas Menénio Agripa falou aos insurgentes. Apresentou-lhes uma metáfora incrível, envolvendo divergências das partes do corpo humano, efabulada ao estilo de Esopo. Desse modo pôs termo ao desagravo. Desde há dois mil e quinhentos anos não existe um gestor público, administrador, político, governante, eleito ou não pelo povo, que seja empossado no cargo e não tente transmitir a convicção plena de que vai resolver todos os nossos problemas. É essa capacidade que o votante, que neles confia ainda que sem o conhecer, parece esperar deles, mesmo quando ambos sabem que estão perante uma impossibilidade e a confiança vai ser abusada.

A magnífica e shakespeareana eloquência política, ética, cívica e imaginativa de Menénio Agripa (escrita no 1° acto de *Coriolano*) essa é diariamente reproduzida em fábulas (filmes, novelas, crónicas, entrevistas, debates) não muito diferentes das que foram usadas à data da fundação de Roma. Como se a humanidade não tivesse História, o que foi há dois mil e quinhentos anos acontece hoje de manhã.

É fácil verificar que os cidadãos dispõem cada vez mais do pensamento crítico e, na Europa, o sistema educativo vem sendo acusado como primeiro responsável pelos "males" que afligem a sociedade. Seremos menos analfabetos, porque todos os dias e a toda a hora há formidáveis especialistas em tudo a falar de tudo. Ficamos com a ideia de que aquilo que pensam corresponde àquilo de que falam sem reservas. Em poucos minutos sabemos tudo de tudo com variáveis e "contra-opiniões". Na verdade não há necessidade de ter opinião própria. Basta-nos seguir uma delas. Há quem chame conhecimento a isso. Na ausência de opinião própria, responsabiliza-se o aparelho político e o sistema educativo ou que o regime está mais interessado em preparar gente para o mercado de trabalho do que transmitir valores e formar cidadãos responsáveis.

No caos nada é novidade nem surpreendente, salvo sua organização invisível. Porque somos um grupo social rigoroso, que glorifica o trabalho, acredita na tradição, se satisfaz cumprindo suas obrigações e alguns dentre nós se encontram na situação dos aturdidos plebeus romanos inquietos, que o cônsul Agripa enfrentou, trago-vos estas palavras para nossa reflexão.

1. AS PROVAS

Cumprindo o apelo ritual por via da "prova da terra", que é a primeira confrontação do candidato consigo próprio, depois de um tempo de expectativa, de olhos bem vendados, o candidato é dado como preparado para cumprir as provas, no fim das quais acede aos "mistérios e privilégios da Augusta Ordem". Está dentro de um poço na noite escura, onde apenas se apercebe do caos nas vozes, ruídos, música, a memória, a imaginação, a anulação da vontade, que o levam à periferia da "possibilidade absoluta", que é o não-ser, para usar a descrição concreta de Nicolau de Cusa no século XV.

Antes de se curvar para entrar na câmara pela porta estreita, espera e escuta a voz de uma autoridade, distante e afável, que o interpela através daquele que o guia: "Como concebeu tal esperança?". A pergunta perturba. É difícil discernir, no caos de emoções, um só pensamento que acorra para explicar as motivações que o atraem ali. No seu pensar, o ínfimo instante dilata-se e procura uma resposta capaz, mas é aquele que o acompanha que responde serenamente à questão acutilante, assegurando: "Porque é um homem Livre e de Bons Costumes". Essas palavras confortam. À porta está um homem que sente íntegro, pronto para aceitar as provas que tornam possível mudar, para que seja esse homem livre e de bons costumes. À porta, o candidato tem consciência de que vai ocorrer em si um processo de mudança, durante o qual a possibilidade se torna uma necessidade.

O conflito poderoso que se instala no delicado instante, entre a pergunta e a resposta, será esquecido. De todos os instantes, é o menos lembrado, pelas razões morais que lhe assistem no processo de Iniciação. Nele imperam três expressões de natureza ética: mistérios e privilégios da Augusta Ordem, esperança, homem livre e de bons costumes. Toda a encenação ou coreografia, invisíveis ou, mais tarde, tornadas visíveis, o conduz a pensar o próprio comportamento, enquanto gerador de relações pessoais e cívicas, hábitos e instintos, criador de cultura. É-lhe perguntado por três vezes se quer continuar as provas e a resposta é sempre afirmativa. A sua presença, a sua prontidão, a sua escolha são um sintoma da sua liberdade. Não vendo o que se passa sente uma enorme felicidade por ser escolhido, escolhendo. Pico de la Mirandolla, no *Discurso sobre a Dignidade do Homem* sugere-nos uma imagem aliciante:

"felicidade do homem ao qual é concedido obter o que deseja, ser aquilo que quer (...) refreando o ímpeto das paixões com a ciência moral, dissipando a treva da razão com a dialéctica". O Iniciado regista e assume fisicamente que, daí em diante, onde quer que se encontre, de viva voz ou no silêncio, ele representa a Maçonaria.

2. APRENDER

Toda a aprendizagem começa pelo assumir da ignorância e dos limites do conhecimento, até ter os olhos menos fechados ou, recorrendo à expressão do cardeal Nicolau de Cusa, ser "aquele que toda a criatura esperava desde o início, no tempo futuro".

A instrução é exercida pela circulação da palavra e pela circulação física, num movimento que faz a conexão da matéria e da forma na mesma pessoa. Destina-se a submeter o candidato a provas rituais através das quais lhe são transmitidos sucessivamente o que lhe permite atingir os mistérios do Grau de Mestre, progresso no qual assenta a estrutura maçónica. É esse o Grau que se define pelo aperfeiçoamento espiritual, moral e material até o completar pela passagem alquímica da morte à imortalidade.

Ao ser reconhecido ao longo do percurso, identificado com a consciência dos seus passos no interior e no exterior, as mudanças que se operam contêm elementos práticos que o ligam ao mundo. A assiduidade aos trabalhos indica que participar é bastante mais do que um simples acto administrativo de presença, mas um complexo processo ético e alquímico através do qual a matéria busca a forma justa. "Transforma-se o amador na coisa amada ..." para usar a expressão do poeta português.

Ei-lo, pois, substantiva e moralmente salvaguardado como homem em sociedade e não, segundo a fórmula latina do ritual jesuíta, "*perinde se cadavera essent*", como se fossem cadáveres, nem, acrescento outra cronologicamente mais próxima, com Henry David Thoreau, "uma reminiscência da humanidade".

3. A LOJA: INTERIOR E EXTERIOR

Cada um recebe menos do que pensa e mais do que a Loja lhe dá. A Loja é o lugar primordial não definido no espaço nem no tempo, interiorizada singular e coletivamente, enquanto conceito, exteriorizada enquanto representação do movimento da natureza, na harmonia gerenciada pela prática do ritual, que é a repetição do presente contínuo no qual se consuma.

O choque de sentido do exterior e do interior, de si ou da Loja, contido na expressão "deixar os metais à porta do Templo" produz um efeito profundo pelo choque dos conceitos absolutos, espaço e tempo, para nos deixar apenas o de lugar e a função que o merece. A menção aos metais, indistintamente espirituais ou materiais, destina-se a produzir conjuntamente a consciência do progresso numa estrutura de dever e fidelidade que emana da vontade.

Todos os procedimentos operados na aprendizagem do método relevam do entendimento do significado do Grau e têm por objetivo único a consolidação do aperfeiçoamento espiritual de cada um, o que coincide, em termos Rituais, na reciprocidade da dependência do homem e da humanidade. O homem tem consciência de que não é completo, mas, perante o Ritual, completa-se nesse devir, porque na natureza tudo é para si mesmo.

A contenção perante os mais nobres objetivos do progresso maçónico, como a Sabedoria – que envolve, contém e ultrapassa a aquisição do conhecimento empírico ou científico –, a Força – que supera a capacidade física e mental consciente –, a Beleza – que vai além do reconhecimento da harmonia captada pelos sentidos, envolve o sujeito na ação existencial –, constitui um programa metodologicamente acessível. A Instrução no Grau, a reflexão produzida, está na base do método maçónico. O edifício eleva-se com o acréscimo desse contributo, sob a luz da universalidade ontológica do ser.

A fidelidade, ligada ao dever assumido sob compromisso

de honra, constitui o cimento da construção maçónica, tal como é explicado na Instrução dos primeiros passos nos Graus Filosóficos. A génese do desenvolvimento do homem na natureza interior e exterior, o percurso que traça, o processo da sua condição, ao se transformar naquilo que é, consuma-se, deste modo, enquanto História.

4. INTERAÇÃO EXTERIOR-INTERIOR: A FRATERNIDADE

Criando condições para o despontar da consciência face às necessidades da vida social, gera também as condições para compreender a exterioridade que sobrevive com a interioridade e a sua interação. Nessa reciprocidade, o sentido do dever face à organização está envolvido pelo sentido participativo de cidadania (cidade, civitas, urbe, polis) que é política.

E assim, perante essas condições aceites, ser livre passa a ser essencialmente transgredir, progredir nos caminhos insondáveis do ser, sem quaisquer limites, para além do humanamente possível do conhecimento e da ação, ir além do conhecido e partilhar as conquistas alcançadas. Os Maçons sabem que a sua condição coincide com a capacidade de ir além da possibilidade o que exige o porto seguro, a Fraternidade, que lhe é garantida pela Loja.

Em face disso, a expressão "liberdade absoluta de consciência", defendida no Rito Moderno ou Francês, absurda. Ao acrescentar uma qualidade assertória, que o conceito já contém enquanto conceito universal, reduz a sua extensão, retira o que parece acrescentar, limita a compreensão do próprio conceito com o apego ao caracter restritivo imposto pela "liberdade absoluta". Parece claro que não existe, nem no Rito Moderno ou Francês nem no R.·. E.·. A.·. A.·., em nenhum Grau, liberdade relativa e fora da consciência da necessidade de progresso, incluindo o tornar-se o contrário de si mesma. O ser o contrário de si não a torna relativa.

A crença de que a "liberdade absoluta de consciência" faz a diferença, na prática é tão real como, concludentemente, o contrário de si mesma. Aliás, na Europa, o resultado vem sendo catastrófico. Da ambiguidade no uso de conceitos restritivos não se pode esperar mais. Seu uso comum não estabelece diferenças e morre aí por falta de clareza, perante o sentido de consciência, pensamento e de acção que o conceito de Liberdade contém.

5. INTERAÇÃO DO OBJETIVO E SUBJETIVO: A IGUALDADE

Com os primeiros passos aprendemos a compreender que temos em nós um terrível e nem sempre medíocre inimigo que se configurou no espelho. Foi-nos transmitido que a ideia de "outro" como obstáculo, é bem mais subtil e complexa do que as objeções existencialistas e anarquistas que emergiram na Europa. O outro somos nós, com quem convivemos. Deste modo a ideia de relação interioridade e exterioridade adquire o sublime.

A Iniciação altera a visão do mundo, a mentalidade, a capacidade compreensão, o comportamento, a postura perante a vida, do indivíduo enquanto portador de princípios. A mudança que começa no interior de si, repercute-se em sede própria, no vasto domínio da ação cívica e na intervenção nos destinos da cidadania.

Existe um consenso tácito, gerado no tempo, que permite descobrir nesse lugar geométrico a fronteira da nossa ignorância e da capacidade de resistir tanto à submissão como à corrupção. Quem aspira a ser "senhor da sua alma" aprende que não há grande virtude onde o objetivo humano é venal e pode ser obtido por um ato de compra e venda, onde a coisa vendida é o próprio sujeito. Aqueles que se encontram ligados a instituições que lhes dão proteção financeira, civil e política, quando o seu carácter amolece e se submetem ao poder da medalha profana, sabem tão bem o preço da ética como aqueles que não têm nada. A corrupção não escolhe classes sociais, tal é o peso da organização burocrática da sociedade.

Quando a instabilidade social se instala de modo permanente e concertado, o medo aparece industrializado e surge sob uma forma de projeto ético mais empolado. Os meios de comunicação de massa tornaram-no claro, exibindo todo o tipo de modelos de perfeição ética, falsificando a causa e a circunstância, quando é caso disso.

Mas esse medo é gerado na irresponsabilidade dos parlamentos, nas leis, nas repartições, instituições, parcerias e torna-se incontrolado nos comportamentos. Nenhuma contenção esconde esse fenómeno, tanto mais que hoje está em todos os países, em todas as cidades e já não há lugares perdidos para refúgio. O medo, um fenómeno tão natural e íntimo, tornou-se um problema à escala de um Mundo desmoralizado. A imoralidade que está entre as causas bem conhecidas que o provocam, pelo menos na Europa, graças aos mecanismos próprios de uma história sangrenta, acaba por ser imputada imediatamente não contra aqueles que a desencadeiam, no estado de impotência e desorientação cercam-se da sua base social de apoio com as inevitáveis soluções morais. Graças à internet temos ao nosso alcance um conjunto substantivo de dados casuísticos e informações empíricas que nos permitem racionalizar o conteúdo e avaliar de sobremaneira a qualidade dessas soluções morais insufladas pela parte a quem interessa tamanha crise.

6. TRADIÇÃO, PASSADO, HISTÓRIA

Perante a situação objetiva e subjetiva do presente, a tradição maçónica ajuda-nos a compreender o nosso lugar e a nossa função sem necessidade de recorrer a profetas e ideólogos televisivos que proliferam nestas circunstâncias, nem a misturar conceitos como fruta no mesmo pacote. As circunstâncias do presente são novas, inesperadas, inéditas. Não há soluções pré-fabricadas nem teorias prontas a responder à falta de soluções adequadas. As soluções só resultam com o enfrentamento da situação. Causam sempre um grande mal-estar as soluções que vão no interesse em conduzir pessoas num sentido menos favorável e não no interesse de acompanhar pensar em transformar a possibilidade concreta em necessidade concreta.

O idealismo clássico alemão teve a ousadia de pensar a secularização da moral e emancipou-a da tutela eclesiástica, cujos crimes e pedidos de perdão só viriam a ser confessados no presente. A Maçonaria contemporânea, que foi vítima disso, continua a ser um alvo, mas emerge e desenvolve-se na superação desse anátema. Quando foi necessário percorrer todo o itinerário histórico até ao ponto que os registos humanos o permitiam e os Maçons chegaram lá, onde havia uma pedra cinzelada, abuxardada, polida, intencionalmente colocada por mão humana sobre outra pedra, enterradas pelo vento. Nesse período de pesquisa, que marca o início do período contemporâneo, de impérios marítimos, tráfico de escravos, submissão dos povos, definição de fronteiras, apropriação de culturas, assimilação de comportamentos, lutas de libertação, o conceito de universalidade proposto não implicava, salvo em casos pontuais, a participação global nos conflitos que daí resultaram. Somos nós quem herdou essa exigência, com novas qualidades, aspetos distintos, contradições mais complexas do ponto de vista da organização social e individual.

Pedro Alvarez Lázaro, baseado em pranchas e estudos de Lojas e capítulos de Espanha, registou que a Igreja Católica assumiu que, durante séculos, traiu o legado de Cristo, trocando a doutrina de amor e liberdade pelo terror, a intolerância, o fanatismo, a imoralidade, a hipocrisia, a ambição política. Bem podiam extrair das *Catilinárias* a voz de Cícero *"ó tempora, ó mores!"* (ó tempos, ó costumes) para melhor encobrir o que se passava no presente.

A sociedade, o nosso espaço de progresso, é o Mundo que a doutrina cristã condenou durante séculos como o primeiro dos inimigos do homem. Os outros são o Demónio e a Carne.

A tradição indo-europeia assumiu a via judaico-cristã, acoplou a tradição greco-árabe e, posteriormente, a africana. Falar-se de choque de civilizações pode ser apenas um artifício para nos afastar da nossa natureza e da História. Para responder com mais exatidão, Heráclito fixou que a natureza é gerada pela guerra, Homero chamava-lhe luta, como nos revela Pico della Mirandola na sua prédica acerca da Dignidade, concluindo que a dialética acalma a razão mortificada entre os contrastes das palavras e dos silogismos capciosos, ao passo que a filosofia natural nos liberta dos conflitos de opinião.

Se, desde o tempo a que nos foi possível aceder pela observação dos registos e indícios, a religião aparece até ao século XVIII com um elemento de coesão social, por vezes o único, foi no interior da religião que se gerou a filosofia. O pensar o si-mesmo perante as exigências sociais da organização religiosa tem por base a teologia dos antigos como causa da necessidade das artes liberais (trivium e quatrivium). Os mistérios gregos e os Graus dos Iniciados, admitidos nos mistérios pela purificação obtida com a ética e com a dialética, como as refere Della Mirandola, "artes quase purificatórias".

Na Europa (Roma) e no Oriente (Goa) a Igreja orientou a ética pelo Tribunal do Santo Ofício, desde os gritos das vítimas de Torquemada até à cumplicidade do papa Eugénio Pacelli, então núncio em Munique, indiferente ao Holocausto. A "paz perpétua", muito antes de ser assumida por Kant como categoria da existência, ficou bem marcada com a deposição do rei franco pelo papa a fim de consagrar Carlos Martel em 732, o que permitiu tornar o seu neto, Carlos Magno, o braço armado do Sacro Império Romano Germânico, que vigorou como poder essencial na Europa (e dos povos que o comércio europeu dominou) durante dez séculos até 1918. Amor, anagrama de Roma (contra a qual se insurgiram os "Cavaleiros do Amor"), passou a significar, na prática, fantasias de mau gosto com o rosário de crimes impensáveis e monstruosidades confessadas publicamente pela Igreja romana já no nosso século.

7. CONCLUSÃO

O tempo não passou nem varreu de nós a consciência da nossa tão grande ignorância acerca daquilo que nos envolve e grita à nossa volta.

A humanidade ter-se-á tornado mais humana, mas, graças à rapidez dos meios que usamos para comunicar, ainda que controlados, perante o que nos é dado a conhecer, o que hoje se passa em lugares onde as civilizações começaram, a terra de Abraão, a terra de Moisés, a terra dos magos que se guiavam pela Estrela, a terra de Confúcio, a terra de Agostinho, a estrada onde Saulo se fez Paulo, a terra de lutas e revoluções onde nasceram aqueles que deram conteúdo ao nosso pensar, ainda não estamos em condições nem temos a distanciação suficiente para introduzir o termo "humanismo" nesta reflexão. É urgente o nosso empenho para superar tal obstáculo.

Sociedade, Ética e Maçonaria

Aspectos filosóficos da degradação ética maçônica frente à degradação ética da sociedade brasileira

Irm∴ Antonio Sólon Rudá
Or∴ Brasília – DF

A ÉTICA NO CONTEXTO FILO-MAÇÔNICO

A Maçonaria é uma Sociedade, uma Ordem e como tal pressupõe-se que seja essencialmente ética. Vejamos: Sendo a ética, pois, um conjunto harmônico de princípios e valores que ordena as relações e condutas humanas e, sendo as relações humanas a essência e o pilar principal de qualquer sociedade organizada e, sendo a Maçonaria uma grande sociedade de pessoas humanas, é de se pressupor que ela seja ética, portanto, é imperioso que seus Membros sejam pessoas essencialmente éticos e de comportamento ilibado. Um comportamento nesses moldes é o que, preliminarmente, se impõe ao Neófito, ao Maçom Aprendiz, ao Companheiro e principalmente ao Mestre, pois a ele não é dada a prerrogativa de acomodar-se em relação aos valores éticos que devem pautar sua conduta, visto ser ele o espelho moral dos Neófitos, dos Aprendizes e dos Companheiros. Este é o ciclo virtuoso onde se encontra a sociedade maçônica, da qual devemos fazer parte.

Portanto, a ética é um comportamento humano, é um atuar conforme as leis naturais de urbanidade, consideração e respeito ao próximo[1]. Por leis naturais temos as normas de conduta social que não causam desacertos na coletividade, são assim, regras que naturalmente se impõem a todos os membros da sociedade e possibilitam o crescimento social e coletivo. A ética permite também obter o máximo de desenvolvimento social, sem permitir que esqueçamos que é dependente em todos os sentidos da moral, formando as duas uma só ferramenta das "pessoas boas". Sendo assim, a ética é a sócia da moral, pois traduz boas ações no amor ao próximo[2].

Bastante original é a noção de ética propugnada por Wittgenstein, que aduz que, *littheris*:

> *A ética, na medida em que surge do desejo de dizer algo sobre o sentido último da vida, sobre o absolutamente valioso, não pode ser uma ciência. O que diz a ética não acrescenta nada, em nenhum sentido, a nosso conhecimento. Mas é um testemunho de uma tendência do espírito humano que eu pessoalmente não posso senão respeitar profundamente e que por nada do mundo ridicularizaria.*[3]

A ética, portanto, não nos traz mais conhecimento do que um artigo, um bom livro ou um bom exemplo de nossos pares. Ela nos traz a satisfação do bem atuar, que se resume no modo decente

---

[1] "A ética de Aristóteles é francamente teleológica. Considera a ação não enquanto boa em si mesma sem ter em conta nenhum outro aspecto, mas enquanto que conduz ao bem do homem. Todo o que leve à conquista de seu bem ou de seu fim será uma ação boa do homem: A ação que se oponha à consecução de seu verdadeiro bem será uma ação má." ARISTÓTELES, *Historia de la*... ob. cit. pg. 101.

[2] Carnelutti recorda duas coisas importantes: A primeira é que *quando se compõem por amor os conflitos de interesses entre os homens, não há mais lugar no emprego da força para constrangê-los. Por isso*, continua o autor, *a moral, como reinado do amor, é também o reinado da liberdade.* Outra coisa que nos fala Carnelutti é que *em sua filosofia moral, Kant disse que a base para toda a razão moral é a capacidade do homem de agir racionalmente. O fundamento para esta lei de Kant é a crença de que uma pessoa deve comportar-se de forma igual ao que ela esperaria que outra pessoa se comportasse na mesma situação, tornando assim, seu próprio comportamento uma lei universal.* CARNELUTTI, ob. cit. pág. 17.

[3] WITTGENSTEIN, Ludwig. *Conferência sobre Ética*. Edición Electrónica de www.philosophia.cl / Escuela de Filosofía Universidad ARCIS. Página 08, *In Fine*.

e digno de comportar-se em sociedade. Este modo de atuar nos aproxima do ideal maçônico despido do idealismo platônico. Como aduz nosso querido Irm∴ Juvenal Antunes[4], "*a ética se relaciona com o desejo da pessoa de realizar a vida e manter com os outros relações aceitáveis fundamentadas nas ideias de bem e virtude, enquanto valores perseguidos por todo ser humano na busca de uma existência plena e feliz*". Esta conclusão nos leva naturalmente a fazer a seguinte pergunta: onde está a ética de um Maçom quando ele ignora os princípios que deveria proteger e ter como norte para sua conduta? Nessa mesma esteira, façamos as seguintes perguntas:

a) Quão Irmãos e amigos somos uns dos outros, quando deixamos de nos confraternizar?
b) Quão Irmãos e amigos somos uns dos outros, quando agimos, como se fôssemos obrigados a suportar-nos durante as Sessões por uma questão meramente de seguimento de regras Ritualísticas?
c) Quão Irmãos e amigos somos uns dos outros, quando medimos o grau de amizade pelas maledicências que incrivelmente somos capazes de falar uns dos outros, quando estes não se encontram presentes?
d) Quão Irmãos e amigos somos uns dos outros, quando tentamos a qualquer custo fazer com que outros tomem por verdades, fatos e abstrações que nem nós acreditamos?

Acreditamos que a sabedoria maçônica deveria começar pelo exemplo daqueles que estão há mais tempo na ordem, principalmente dos Mestres e dos notáveis que galgam heroicamente os Graus Filosóficos. A sabedoria maçônica é uma sabedoria ética e como tal deve ser emanada pelos Mestres, como exemplo de comportamento ilibado e vinculado a princípios que são como farol para os Aprendizes e Companheiros. Por esse motivo a sabedoria maçônica, assim como a ética, não deve ser abandonada pelas

---

[4] PEREIRA, Juvenal Antunes. *Coletânea de Textos Esparsos*. ACLEB, Brasília: 2009, p. 150.

mentes que conseguem atingir seus objetivos, ao contrário, como uma escada, deve ficar à mostra e à disposição de todos, para que os Aprendizes e Companheiros possam subir e também alcançar seus objetivos, e, assim, contribuir para o fortalecimento da ordem.

Os Maçons não devem esquecer que a sociedade maçônica tem evoluído ao longo dos anos não só pelos ensinamentos escritos dos antigos, mas principalmente pelos exemplos que são passados aos mais jovens, não somente nos interiores das Lojas, mas fora delas também, local onde, mais do que nunca, os Maçons devem servir de espelho para seus pares e, principalmente, à sociedade profana. Acreditamos assim, que a sabedoria ética deva ser o maior prêmio maçônico e com ele devem ser agraciados aqueles que, além dos trabalhos escritos, dão à Loja e aos Irmãos Obreiros os bons exemplos de comportamento escorreito, bem como de ensinamentos que fazem com que os jovens Maçons sigam naturalmente seus passos e desenvolvam trabalhos que venham a converter-se, verdadeiramente, em legítimas peças de arquitetura capazes de adquirir fácil guarida da natureza humana, seja de forma realística ou simbólica, conforme veremos no tópico seguinte.

A MAÇONARIA ENTRE O SIMBOLISMO E O REALISMO DA NATUREZA HUMANA

O agir e o pensar, como sabemos, são duas das principais características da natureza humana, que nada mais é que um conjunto de características, do qual o pensar e o agir fazem parte. Portanto, não é incorreto dizermos que a natureza humana é um fenômeno eminentemente comportamental, cuja conduta deve ser regida por valores morais e éticos que não desafiem a Ordem posta na sociedade. Fazem parte dessa Ordem tanto aspectos de diferentes vertentes filosóficas, como os símbolos (representação gráfica de utopias humanas) e o realismo empírico do ser humano na sua busca cotidiana.

O assunto que nos toca neste tópico trata dos efeitos do simbolismo e do realismo na natureza humana e seus respectivos reflexos na Maçonaria, como parte e como um todo de um universo em constante mutação. Desta forma, a Maçonaria como parte atrela-se ao aspecto realístico da natureza humana, e como um todo, ao aspecto simbólico de sua configuração desde suas origens até a realidade atual, nos levando a entender que se trata de uma Ordem eminentemente simbólica, mas num contexto de um realismo material da natureza humana, portanto, os reflexos dos comportamentos dos homens Maçons, mesmo sob uma ótica filo-simbólica, traz sérias consequências ao meio social.

Nesse sentido, a simbologia e a Maçonaria constituem-se uma simbiose filosófica inquestionável no sentido de que uma sem a outra perde a razão de ser. Talvez por isso, não raro, ouvimos experts maçônicos atrelarem o conceito de uma a outra, o que muitas vezes causa espanto e inquietação. Como é sabido, os Símbolos têm o condão de, *per si*, significar fenômenos intocáveis, como a sabedoria, o mal, o bem, a moral, a ética, etc., em que pese eles próprios, Símbolos, serem tocáveis. Constitui-se a sabedoria uma simbiose justamente porque sua existência se verifica no significado que extraímos filosoficamente dos Símbolos maçônicos e aplicamos no cotidiano material. Assim, a simbologia maçônica serve como meio para o realismo da natureza humana, formando, ambos os fenômenos, o que se pode chamar de substrato fundamental do comportamento dos seres humanos, *i. e.*, sua própria essência.

A partir desse substrato é que emanam outros fenômenos comportamentais como o livre-arbítrio que, deixando as infindáveis discussões religiosas de lado, trata-se essencialmente da liberdade que temos de tomar decisões no decorrer de nossa existência, não importando serem boas ou ruins, pois todas são de alguma forma necessárias às nossas vidas. O que importa de fato, em realidade, é a partir de que momento, *i. e.*, de que significado tomamos como ponto de partida para tais decisões, ou seja, para o exercício do livre-arbítrio. Aliás, seria muito fácil pararmos por aqui e dizermos que toda a questão ética e moral da sociedade se resume unicamente ao exercício do livre-arbítrio, entretanto, numa análise mais curiosa, percebemos que o significado que extraímos dos Símbolos, que se resumem no substrato comportamental citado acima, são mais que necessários, são imprescindíveis ao livre exercício do arbítrio que nos foi dado pelo Grande Arquiteto do Universo. Eis, pois, o primeiro ponto crucial que vai nos servir de referencial para distinguirmos o comportamento bom e ético, que deve ser o de todo Maçom, do comportamento mau e desprovido de qualquer moralidade ética e, portanto, maléfico à sociedade, mas de qualquer forma, inerentes à natureza humana.

Não obstante à patente simplicidade de decidirmo-nos por ações boas ou ruins, resta-nos ainda a fatídica certeza da relatividade que ambos os conceitos (mal e bem) nos impõem, afinal, o que é ser bom e o que é ser ruim? O que são ações boas e o que são ações más? No mesmo sentido, o que fazemos é realmente bom para todos ou apenas para parte da sociedade? O nosso comportamento, considerado ético por alguns, é, de fato, ético para todos? A esses questionamentos, dada sua amplitude, responderemos dizendo que o conceito de bem e de mal vai além de qualquer "vã filosofia"; que o conceito de ações boas depende do ponto de vista do observador e a partir de qual referencial é adotado; nosso comportamento, por mais ético que o consideremos, não possui o condão de parecer ético frente a todos os nossos pares, pois suas concepções sobre o tema podem ser divergentes; quanto ao que fazemos entendendo ser bom para a sociedade, pode não o ser de fato, senão para alguns bem afortunados e conhecedores dos mesmos significados, o que, em hipótese alguma, inviabiliza ou desacredita a opinião dos menos afortunados e menos conhecedores.

Com efeito, a visão filosófica de bom e de ruim em relação aos seres humanos remonta há séculos, e nem os grandes filósofos, como os do iluminismo chegaram a consenso, porque ele simplesmente não existe. Basta lembrarmos que filósofos como Rousseau pregavam a naturalidade da bondade dos seres humanos frente a uma sociedade corrompida pelos maus hábitos, enquanto Locke defendia que, de acordo com as leis da natureza, o homem deveria exercer livremente seu direito de praticar boas ações tratando seus semelhantes da mesma maneira como gostariam de serem tratados e que esta era a essência do estado de natureza, de onde as pessoas não deveriam jamais sair, senão para defenderem-se contra as injustiças, para justamente evitar a corrupção da sociedade. Como se verifica, ambas as noções (de Rousseau e de Locke) são eminentemente de valorização da bondade entre os seres humanos e isto as vincula. Por sua vez, na outra extremidade, as vantagens que Locke observara como boas no estado de natureza, Hobbes vai dizer que em tal estado o que há é uma guerra de todos contra todos e que, em razão disto, a vida dos seres humanos é por demais desagradável, curta e bruta, justificando, assim, a necessidade de um governo forte capaz de impor a ordem: O Leviatã.

Nesse sentido, na esteira da concepção hobbesiana, dizemos que as sociedades degradam-se pela ausência de pilares morais e éticos fortes e capazes de suportar as demandas das pessoas que a compõem. Frágeis, ético e moralmente, são os seres humanos facilmente corrompidos quando não se encontram fortalecidos por princípios que norteiam uma sociedade "sadia", daí carecerem de regência ética e moral como forma de evitarem a própria degradação e, consequentemente, a degradação da sociedade em que vivem. Assim, entendemos que a Maçonaria é a maestra que rege seus Obreiros rumo a um estado minimamente aceitável e capaz de dar respostas satisfatórias frente aos desafios de um estado de natureza nos termos em que mencionamos, pois entre o simbolismo e o realismo da natureza humana deve a Maçonaria optar por esta. Partindo dessas premissas e entendendo serem as pessoas munidas do livre-arbítrio, entendido este como o exercício da livre vontade, perguntamos: *Que sociedade queremos ter diante da Maçonaria que fazemos?* Da resposta a esta pergunta nos ocuparemos no tópico seguinte.

A SOCIEDADE QUE QUEREMOS FRENTE À MAÇONARIA QUE FAZEMOS

O livre exercício de nossa vontade tem nos levado a ocupar lugar de destaque entre os seres vivos. A necessidade de convivermos e não apenas vivermos em sociedade, *i. e.*, gregariamente, foi a condição estabelecida pela natureza para que pudéssemos nos desenvolver e ocupar o lugar que ocupamos. Sempre em busca de melhores condições de vida, para nós e para nossos agregados, trabalhamos para construirmos uma sociedade livre dos dissabores experimentados por nossos antepassados e mais justa em todos os aspectos. Uma sociedade que não envergonhe seus cidadãos, nem suas co-sociedades. Uma sociedade que se baseie em critérios justos e, principalmente, democráticos quando da aplicação de suas leis. Esta é a sociedade que queremos.

A sociedade fincada num mundo tido por Profano possui como construtores, professores, médicos, advogados, juízes, políticos, enfim, uma série de atores que exercem diariamente o ofício de construir um mundo diferente. No caso do Brasil esses atores, unidos a outros segmentos da sociedade, têm contribuído em demasia rumo à construção de uma nação mais justa e equânime na distribuição das benesses do montante que se arrecada. A atual degradação que se observa na sociedade brasileira vai além de uma crise institucional isolada, ou manifesto de alguma categoria específica. O Brasil vive atualmente uma crise de descrédito das pessoas em relação aos seus dirigentes, políticos, suas forças de segurança e às suas instituições, razão pela qual o corretivo é muito mais complexo do que se imagina, e passa por uma completa reformulação na aplicação dos valores vigentes na sociedade, cujo primeiro ponto deve ser o planejamento e a implementação de um novo sistema educacional, pois é a partir das salas de aula que tem início as grandes transformações sociais.

Paralelo a isto, deve a Maçonaria cumprir com seu papel institucional, visto que aos Maçons cabe fazer uma Maçonaria que lhes permita construir uma sociedade em sua máxima plenitude e nos moldes que ora elencamos acima. As rupturas (1927 e 1973) ocorridas no seio do Grande Oriente do Brasil são exemplos de como a sociedade maçônica pode alcançar o nível de degradação que tanto deseja evitar, pois somente com uma Maçonaria forte e unida é possível construir-se uma sociedade estruturada em pilares fortes e inquebrantáveis. Nesse sentido, se não fazemos uma Maçonaria que fomente a formação de uma sociedade mais ética e alinhada aos anseios das pessoas, é porque ainda tangenciamos os grandes problemas nacionais a bordo do berço letárgico da Maçonaria Especulativa, quando de fato devíamos estar a bordo da Maçonaria Operativa, conforme explicaremos a seguir.

DILEMA FILOSÓFICO ENTRE A MAÇONARIA OPERATIVA E A ESPECULATIVA

A história da Maçonaria é comumente dividida em três fases: Primitiva, Operativa e Especulativa. A primeira, também denominada de pré-Maçonaria, compreende o período Primitivo da humanidade até a fase denominada Operativa. Esta fase compreende o período que vai da Idade Média até o início do século XIX, quando tem início ao que se denomina Maçonaria Especulativa. Sobre a primeira e a segunda não teceremos nenhum comentário, mas sobre a terceira acreditamos haver sérias controvérsias ao menos quanto à sua nomenclatura. Portanto, considerando que o termo especular, segundo o Novo Dicionário do Aurélio, ao mesmo tempo em que significa *examinar com atenção, averiguar ou pesquisar*, também significa *valer-se de certa posição, ou de circunstância, etc., para obter vantagens*. Esta segunda parte da definição é a que nos chama a atenção, pois acreditamos haver um sério equívoco na denominação ora utilizada pela Ordem.

Não acreditamos ser razoável a Maçonaria dos dias atuais ser denominada de Especulativa, pois a impressão que passa é que nada se faz e a pergunta recorrente é a seguinte: A Maçonaria atual faz, de fato, alguma coisa? Se a resposta for sim, equivocada está a denominação Especulativa, pois deveria ser Operativa, o que denotaria o exercício de uma proatividade. Se por outro lado a resposta for não, equivocada também estará a denominação, porque não fazer nada não é sinônimo de especulação. Portanto, a necessidade premente da Maçonaria é a de que seus Membros façam alguma coisa, exerçam com maestria suas prerrogativas institucionais, mas não somente dentro de suas Oficinas, afinal, é ético que nos conservemos nos interiores de nossas Lojas enquanto a sociedade perece diante do abismo provocado pela ausência da ética comportamental referida acima? Definitivamente não. Daí surge a necessidade de os Maçons exercerem o ofício de uma Maçonaria Operativa, no sentido de, por intermédio de debates e manifestos, tornarem-se Membros ativos e proativos da sociedade Profana, resgatando, assim, significativa parte de sua honrosa história, pois se assim não agirem, que buscam, pois, os Maçons?

A NATUREZA FILOSÓFICA E ESPIRITUAL DO QUE BUSCAM OS MAÇONS

Destarte, sendo a Maçonaria uma sociedade discreta, de caráter eminentemente universal, cujos objetivos é o cultivo e a disseminação de princípios, como o da Liberdade, Igualdade e Fraternidade, por meio do aperfeiçoamento intelectual de seus Membros, fazendo fazer valer, por seu turno, sua natureza iniciática e filosófica, é de se esperar que não pairem dúvidas quanto ao que buscam os Maçons. Entretanto, o que vemos é uma sociedade maçônica carente de buscadores de tais fenômenos metafísicos, onde a simbiose entre o que é ético e o que é vantajoso tem criado uma geração de eunucos de aventais enfeitados, o que deixa a Ordem órfã de Obreiros providos de espírito aguerrido tão comum aos Maçons de outrora. Assim, estariam os Maçons atuais desprovidos do real espírito triangular?

Não raro[5], a frase que mais se diz ao Maçom recém-Iniciado é: *meu Irmão, deixe a Maçonaria entrar em você*. Sobre ela, façamos uma pergunta: Que Maçonaria deve entrar na mente do Maçom jovem? A resposta a esta pergunta não é objeto de nossa investigação, então deixemo-la de lado. Na contramão daquela interessante frase deveríamos dizer diferente: *Irmão! Faça sua própria Maçonaria!* Todavia, esta frase faz surgir uma interrogação na cabeça do novo Aprendiz, que é: *como fazer minha própria Maçonaria*? Responder a esta pergunta é o que tentaremos fazer nas linhas seguintes.

Igual a toda e qualquer associação, a Maçonaria é antes de tudo uma união de interesses e o que a faz diferente das demais é a natureza de tais interesses. Assim, forjar cidadãos líderes e detentores de princípios dos mais altivos, capazes de atuar na sociedade com ilibada imparcialidade moral e ética, tendo a prudência como companheira, é uma das mais significativas atribuições da Maçonaria.

Nesse contexto, para ser Maçom, o Iniciado nos augustos mistérios deve construir em si uma Maçonaria límpida e transparente, livre de qualquer vício e qualquer extremismo, ou paixão, devendo começar então por espelhar-se nos referenciais daqueles, que acredita o Neófito, serem exemplos de verdadeiros Maçons, como os respectivos padrinhos. O seguimento das regras maçônicas o levará a forjar suas colunas internas com tamanha resistência que dificilmente seu Templo interior se abalará com as intempéries naturais e tampouco com as plantadas pelos invejosos e pelas rapinas de

---

5 Fragmento originalmente escrito para homenagear o Aprendiz Robson Rui, e os Companheiros Clecivaldo, José Éder e Otávio, todos da A∴ R∴ L∴ S∴ "Fraternidade de Samambaia".

ideologias recém-formadas. Assim, ser Maçom não é deixar que a Maçonaria entre, mas construir em si, no seu próprio interior, um modelo de Maçonaria que se coadune com a Maçonaria emanada dos *Landmarks*. Até por que, abrir-se para que a Maçonaria entre, é tornar-se alvo dos "*perfeitos*" de plantão, que nada mais buscam que fazer semelhantes de si mesmos, roubando do Neófito a oportunidade de forjar-se um Maçom que nele se reconheça.

Dizemos isto porque não acreditamos em Maçons que não buscam, em Maçonaria que não busca. Os homens não são iguais, mas seus ideais sim, e conforme prega a Maçonaria, devem pugnar sempre por uma Egrégora universal que certamente jamais será alcançada sem a existência da Egrégora interior (sem a paz interior). Maçons que não possuem paz interior são na verdade pseudomaçons, pobres almas que sequer sabem o que buscam, por simplesmente não terem construído sua Maçonaria. A Maçonaria de um Maçom não é e nem poderia ser igual à de outro. Buscar-se em Maçons sem Maçonaria é buscar a própria alienação, é submeter-se à escravidão ideológica. Talvez por isso, não raro também, pseudomaçons pugnam pela Iniciação de homens que jamais terão a chance de tornarem-se livres Maçons, como de fato deveriam ser, pois jamais passarão de escravos ideológicos daqueles que os iniciaram.

Com o devido respeito, ao contrário do que preconizam as respeitáveis leis maçônicas, ter sido Iniciado não torna o Neófito um Maçom, mas apenas e nada mais que um Iniciado. O que vai, de fato, torná-lo um Maçom é sua busca pelos augustos conhecimentos, é sua boa e harmoniosa relação com os demais Membros da Ordem Maçônica. A ele nada mais é dada que a possibilidade de construir sua própria Maçonaria, e que o faça bem forjada em bases sólidas de respeito a si mesmo e ao próximo, bem como à família e à sociedade da qual faz parte. Ser ou não um Maçom, um bom Maçom, vai depender da qualidade do material que for utilizado por ele para construir sua Maçonaria interior. Em virtude disto, é que repetimos que a busca pela paz universal deve antes começar pela busca da paz interior, o que deve ser alcançado pela harmonia entre os Irmãos, cuja busca pelo ser deve alinhar-se, antes de tudo à consciência do dever ser um bom Maçom, como condição, prima facie, para a reconstrução de uma sociedade que se encontra degradada pela ausência de homens livres, como deveriam ser os Maçons e, o que é pior, pela ausência de perspectiva.

CONCLUSÃO

Feitas as considerações acima, cabe-nos agora respondermos qual deve ser o papel do Maçom diante da degradação ética da sociedade brasileira, mas, antes, é mister que aduzamos que a Maçonaria, enquanto não curar suas feridas e unir-se em torno dos ideais que a forjaram, jamais será capaz de exercer com a liberdade necessária seu papel histórico social, que é o de zelar pelo funcionamento democrático das instituições públicas, por meio do aperfeiçoamento moral e intelectual de seus Membros e depois da própria sociedade, por intermédio, principalmente, da busca incessante pela verdade.

Por tudo, o papel do Maçom deve ser o de guardião e executor dos princípios maçônicos em sua máxima graduação, bem como o de exercer sua cidadania de forma livre e proativa, como nas linhas acima, pois somente desta maneira será a Maçonaria reconhecida como um conjunto harmônico de homens livres e decididos a fazerem a diferença, na Ordem e fora dela, pois só assim poderão ser considerados coconstrutores de uma sociedade ética.

CONCLUSÃO

O Juramento

Irm∴ Marcelo Teixeira da Silveira
Or∴ Brasília – DF

INTRODUÇÃO

Há algum tempo tornou-se público que o ato de jurar, prestar testemunho ou fazer promessas está intimamente relacionado aos Ritos internos da Maçonaria, pois esses devem ser vinculantes, entre o homem e o seu criador, formalmente recebido, porque é exigido em Rituais e legalmente aceito por ser fundamentado em preceitos sagrados que transcende o mundo material, envolvendo um compromisso mental, psíquico e espiritual.

Dessa forma, o juramento será abordado com base nas escrituras sagradas, principalmente do islamismo, mostrando como deve ser o papel do Maçom ante a degradação ética da sociedade brasileira e frente ao modo de ser do muçulmano, crente e temente a Deus. Este Trabalho manifesta ao Maçom o dever de lembrar-se constantemente de seu Juramento, além do que, ele tem a obrigação de dar exemplo perante Deus e a sociedade, portar-se dignamente, falando sempre a verdade, honrando suas promessas e juramentos.

DESENVOLVIMENTO

Com o advento do cristianismo, as pessoas passaram a exigir

antes de prestar qualquer testemunho, um Juramento[1], este conferia o dever sagrado de dizer a verdade, e quem quebrasse o Juramento atentava contra Deus e cometia crime contra a religião. No Brasil de hoje, com a Constituição Federal e todos os direitos e garantias, ninguém mais é obrigado a fazer ou deixar de fazer qualquer coisa senão em virtude de lei. Se antigamente aquele que falava sempre a verdade tinha sua honra resguardada, atualmente nossos juramentos estão sendo registrados em cartórios, como se nossa palavra de nada mais valesse. Dessa forma, degradando cada vez mais nossa sociedade, hoje em dia as pessoas não têm sequer a obrigação moral de dizer a verdade (NEVES, Pedro; NEVES, Péricles, 2013).

No islamismo, o muçulmano, independente de qualquer nacionalidade, tem o dever sagrado de falar a verdade, pois o Sagrado Corão em vários de seus capítulos exprime diretamente os castigos ao qual o ser humano está sujeito por prestar falso testemunho, a exemplo da Surata número 16, versículos 94-95, onde Deus adverte aos homens sobre o castigo que o acometera por fazer falso Juramento:

> *94. Não façais juramentos fraudulentos, porque tropeçareis, depois de haverdes pisado firmemente, e provareis o infortúnio, por terdes desencaminhado os demais da senda de Deus, e sofrereis um severo castigo. 95. Não negocieis o pacto com Deus a vil preço, porque o que está ao lado de Deus é preferível para vós; se o soubésseis!*

Aqui, no versículo 94, Deus quer dizer ao crente que, após fazer falso Juramento, este certamente tropeçará, ou seja, a fé o abandonará e o castigo de Deus virá, pois mentir não prejudica apenas o mentiroso, mas também as pessoas às quais aquela mentira chegou. As famílias se perdem e em consequência a sociedade se

[1] Afirmação ou negação explícita de alguma coisa, tomando a Deus por testemunha ou invocando coisa sagrada (Dicionário Multimídia Michaelis).

corrompe. Daí a importância sagrada de se falar sempre a verdade e honrar com todos os compromissos assumidos.

Atualmente, muitos países islâmicos que seguem a xaria[2], um simples firmar de compromisso é suficiente para que negócios sejam feitos e no Sagrado Corão podemos encontrar o modo como essas pessoas firmam seus compromissos na Surata número 5, versículos de 106 a 108:

> **106.** *Ó fiéis, quando a morte se aproximar de algum de vós e este se dispuser a fazer um testamento, que apele para o testemunho de dois homens justos, dentre vós, ou de dois estranhos, se achar viajando pela terra quando isto acontecer. Deverá detê-los, depois da oração, e fazê-los prestar juramento por Deus, deste modo: A nenhum preço venderemos o nosso testemunho, ainda que o interessado seja um dos nossos parentes, nem ocultaremos o testemunho de Deus, porque, se assim fizermos, contar-nos-emos entre os pecadores.* **107.** *Se descobrirdes que são perjuros, que sejam substituídos por outros dois parentes mais próximos das pessoas em questão, e ambos jurarão por Deus deste modo: Nosso testemunho é mais verdadeiro do que o dos outros e não perjuramos, porque se assim fizermos, contar-nos-emos entre os iníquos.* **108.** *Este proceder é o mais adequado, para que as testemunhas declarem a verdade. Devem temer que se apresentem outras testemunhas depois delas. Temei, pois, a Deus e escutai, porque Ele não ilumina os depravados.*

Apesar de hoje em dia o Juramento Maçônico estar ao alcance de qualquer um na internet ou em livros, esse Juramento deve ter um caráter de sagrado para o verdadeiro Maçom. Todos sabem que para se tornar um Maçom a pessoa deve prestar um Juramento à Maçonaria com sua mão direita sobre um livro dito como sagrado, como compromisso destinado a estabelecer e ampliar

---

2 Código de leis do islamismo. Em várias sociedades islâmicas, ao contrário da maioria das sociedades ocidentais dos nossos tempos, não há separação entre a religião e o direito, todas as leis são religiosas e baseadas ou nas escrituras sagradas ou nas opiniões de líderes religiosos. Sendo o Corão a mais importante fonte da jurisprudência islâmica (Wikipédia).

os seus vínculos aos Irmãos Maçons e à sociedade como um todo. Acredita-se que, ao pronunciar as palavras contidas no Juramento Maçônico, o Iniciado recebe um influxo de ideias que tem o intuito de colocá-lo em reflexão sobre cada passagem dos compromissos e assim perceber seus significados (PINTO DE SÁ, 2013).

Segundo Lima, na Maçonaria Operativa os Aprendizes vinham livremente e passavam a ser observados por um período de cinco anos, para se tornarem Companheiros. Também tinha esta Maçonaria um único Juramento. No ato da Iniciação, o Candidato deve prestar um compromisso solene, o qual deve ser contraído livremente sem reserva mental, ou seja, sem coação.

Por isso, não há necessidade alguma de se prestar falso testemunho, quando alguém se torna Maçom, faz um juramento de união, declarando fidelidade, tanto no sentido de respeitar os Estatutos da Maçonaria, como no de manter a descrição dos ensinamentos recebidos e o dever de promover o desenvolvimento social. Sabe-se então que o Juramento de fidelidade é sobre um livro sagrado, portanto, o Maçom que faz o juramento e não o mantém firme peca não só contra si mesmo, mas também contra seus Irmãos e sua religião.

Após a Iniciação, o Juramento torna-se, sem dúvida, um Símbolo transformador, na medida em que se realiza provoca alterações na esfera do subconsciente do Maçom. Nesse ponto cria-se um vínculo de fidelidade com a ordem e a sociedade. Esse efeito transformador do Símbolo do Juramento é diretamente proporcional à perfeição da dramatização do processo iniciático em si. Esse Juramento constitui uma preparação para que a pessoa a ser iniciada realmente entre em sintonia com aquilo que está realizando. É uma chamada de atenção para fazer emergir os elementos da razão onde tal fato fica gravado como lei (LIMA).

Ainda de acordo com Lima, o Juramento Maçônico constitui-se de três partes: primeiramente a **invocação**, onde se faz um apelo a Deus, que testemunha o ato e fica como avalista. O homem tem em seu subconsciente a imagem arquetípica de Deus. Dessa forma, o homem tem em seu criador a imagem do amor e do castigo. Com isso, o ato de fidelidade, além de seu valor funcional, tem também agora um sentido sagrado. Este fato tem valor sublime na consciência das pessoas de boa formação moral e religiosa.

Em segundo lugar a **promessa**, que constitui o objeto do Juramento. É a declaração daquilo que se impõe promessa e permite a aceitação ou não de seu conteúdo. Este é algo elaborado com perspicácia, procurando tirar o máximo do significado psicológico das palavras, onde atua no subconsciente o vínculo de cumplicidade, a lealdade perante Deus, os Irmãos e a sociedade como um todo.

Finalmente a **imprecação**, que é o castigo a que será submetido o Maçom, caso venha falhar com o seu juramento assumido perante Deus, os Irmãos e a sociedade. É a parte mais importante da **promessa**, juntamente com a **invocação**, pois sem ela o Juramento em si não tem efeito algum.

Portanto, um verdadeiro Maçom pode até por alguma razão repudiar seus Irmãos de Maçonaria ou não Maçons, mas jamais deverá ir de encontro às suas promessas, porque tem Deus como fiador e sempre em mente que um estigma profundo o alcançará a alma, esse sinal jamais será removido e o lembrará eternamente de seu compromisso de fidelidade, pois dele depende a manutenção da Ordem Maçônica, os princípios de amizade, igualdade e fraternidade pregados por todo Maçom, evitando assim a degradação da pessoa, da família e da sociedade (LIMA).

CONCLUSÃO

Uma promessa ou um Juramento, que pronunciamos sempre de livre e espontânea vontade, tem continuamente uma conotação simbólica que nos ativa o subconsciente fazendo com que homens de boa fé notem a responsabilidade e o dever para com o juramento prestado. Na Maçonaria o Juramento é a primeira ação feita pelo

Aprendiz quando Iniciado e é o juramento que mantém viva e forte a Cultura Maçônica.

Apesar de nas sociedades ocidentais os Juramentos não serem tão levados a sério, devendo ser firmados contratos em cartório, em outras sociedades ao redor do mundo os Juramentos são tão levados a sério que medidas judiciais são tomadas a favor do prejudicado pelo falso Juramento de outrem. Para evitarmos constrangimentos é preciso lembrar uns aos outros de nossos Juramentos e renová-los constantemente, para que as pessoas, as famílias e a sociedade como um todo mantenham-se unidas e fortes em relação às suas convicções, assim evita-se a corrupção entre os homens, mantendo um convívio de amizade e prosperidade das relações entre todos.

BIBLIOGRAFIA

Alcorão Sagrado. Tradução de Samir el Hayek. Ed. Marsa, 1994.

LIMA, José Amâncio de. *Juramento Maçônico*. A∴ R∴ L∴ S∴ "Estrela de Davi II, Nº 242", 2013.

NEVES, Pedro; NEVES, Péricles. *Juramento Maçônico*. Trabalhos Maçônicos, 2013.

PINTO DE SÁ, José Prudêncio. *Por Trás do Juramento*. A∴ R∴ L∴ S∴ "Hermes Nº 3608", 2013.

Vocação Política da Maçonaria

Irm∴ José Renato dos Santos
Or∴ São Paulo – SP

Juro defender, quanto a mim couber e por todas as maneiras, a causa do país em que vivo, sob pena de eterna execração de todos os homens de bem e expulsão desse Quadro.

(Fórmula da Loja "Comércio e Artes" ap. "Boletim do Grande Oriente do Brasil" números 2 e 3 – 1896)

APRESENTAÇÃO

Ao tentarmos estabelecer uma Identidade Política para a Maçonaria, será necessário remontarmos a fatos históricos para, embora em rápidas pinceladas, procurarmos traçar um perfil da Instituição, seu estabelecimento no Brasil e sua evolução dentro do contexto nacional.

Muito embora a História registre a primeira Loja Maçônica fundada em nosso país como sendo a "Comércio de Artes" em 1815, em fins do século XVIII, surge a Sociedade "Areópago de Itambé", fundada pelo Irmão Arruda Câmara, Iniciado na Europa e entusiasta das ideias de liberdade francesas, e, a sua sombra, a Academia dos Irmãos Suassuna, a Academia do Paraíso, a Universidade Secreta do Irmão Antonio Carlos Ribeiro de Andrada Machado e Silva e outras, cuja fachada cultural ocultava intelectuais desejosos de trabalhar num movimento separatista de Portugal, inspirados nos princípios que haviam incendiado a França e promovido sua Revolução famosa.

Caracterizam-se, assim, a vocação política com que nascia a Sublime Instituição no Brasil, vocação esta que se manteria forte até os anos vinte deste século, quando cisões e política interna principiaram a quebrar a unidade da Ordem. Não nos cabe aqui qualquer julgamento histórico, na citação do fato de que a vida dinâmica da Instituição, onde talvez possa ser considerado que os longos anos de regimes autoritários vividos pela História da República lhe deu um perfil de imobilismo quanto à atuação política e, de antiga trincheira contra sistemas absolutistas, restringiu-se a ações esporádicas durante longos anos e diminuiu consideravelmente sua influência nos destinos da Nação.

Outros componentes também interferiram para que essa situação se cristalizasse. Enquanto que em fins do século XVIII e primeira metade do seguinte começou a formar-se a primeira geração de intelectuais filhos da terra que, com as já citadas influências de liberdade, formaram o fulcro do movimento separatista, estes, juntamente com estrangeiros de outras nacionalidades que haviam "adotado" o país, integravam uma oligarquia que dia a dia aumentava o seu poder de influência na sociedade brasileira, ocupando paulatinamente os espaços da oligarquia colonizadora. Quando eclodiram os movimentos pela Independência, Abolição e República, o poder de influência da Maçonaria era não só moral e intelectual, como também numérico, haja vista que pelo menos oitenta por cento dos que trabalharam neles pertenciam à Sublime Ordem, enquanto que a população era bem menor do que a atualidade. Proporcionalmente, portanto, à população brasileira, essa oligarquia, formada em sua maioria por Maçons, era numericamente muito superior à comunidade maçônica atual, daí um fator de sua substantiva perda da influência. Esta, no entanto, era inevitável que acontecesse, visto ser a Sublime Ordem uma Instituição seletiva e, se tentasse acompanhar proporcionalmente o crescimento da população, certamente se arriscaria a uma descaracterização de seus objetivos e a ver-se conspurcada em sua Doutrina.

Inobstante a preocupação da Instituição tenha sido, como é, com a qualidade e não com a quantidade de seus Membros, isso não justifica que, ao longo das décadas que precederam os anos vinte, não se tenha lutado para criar novos mecanismos de influência política na vida nacional. Este pensamento não decorre do simples fato de se almejar o Poder da Nação para nossa Instituição ou de se exaltar uma vaidade corporativista, mas sim de fazer valer um de nossos postulados fundamentais, que é de lutar pelo bem da sociedade e, sem falsa modéstia, sabemos que o dia em que a sociedade adotar os princípios de nossa Doutrina, esta será, sem dúvida, mais feliz. Urge, portanto, retomar o poder de influência que se dissolveu ao longo dos anos e levar à sociedade profana os princípios que norteiam a vida dentro da sociedade maçônica.

Mas, ao concordarmos com esta premissa básica, resta a indagação: onde se situa hoje ideológica e politicamente o Maçom? Sim, pois a apatia política que cultivou ao longo das últimas décadas fez com que este perdesse o contato com suas raízes. Basta lembrar o fato de que há Irmãos que quando ouvem falar de política dentro de suas Oficinas consideram tal como uma heresia, quando deveriam, na realidade, é se insurgir contra a divulgação político-partidária, esta sim não permitida e nociva às atividades maçônicas. Arrematando esta questão, diríamos ser obrigação do Maçom a salutar prática de levar os princípios maçônicos para dentro da política; exercer, se for sua opção de cidadão, a política partidária; participar, ao menos opinativamente, da vida política da Nação. Em qualquer destas modalidades de participação, o Maçom estará contribuindo para o bem da sociedade, para o qual jurou lutar solenemente em sua Iniciação.

Este trabalho tenta resgatar suas raízes ideológicas, bem como contribuir para a formação de um ideário político onde o Maçom possa se situar e retomar os anseios de ver a Ordem participando das grandes decisões nacionais.

Depois de estudos e reflexões sobre o tema, num resumo às ideias que desenvolveremos aqui, chegamos à conclusão de que, ideologicamente, a Maçonaria só pode se situar num contexto **liberal democrático**, pois pertencem à sua milenar Doutrina e são a própria razão de sua existência; e os Dinâmicos, que tornearão sua ação por determinado espaço de tempo e se modificarão conforme cumpridos seus objetivos.

Como a Nação vive hoje momentos cruciais de sua história, a gravidade da situação pede a participação de todos os segmentos da sociedade e a Maçonaria, por sua tradição e responsabilidade, não pode se omitir nessa hora gravíssima e tem que preparar seus Obreiros com coerência e uniformidade para atuar e exercer influência nos destinos do País.

PRÓDOMOS DO LIBERALISMO NA HISTÓRIA

> *Para elevar o homem aos próprios olhos, para torná-lo digno de sua missão sobre a Terra, a Maçonaria erige em dogma que o GADU deu ao mesmo, como o mais precioso dos bens, a liberdade, patrimônio da Humanidade toda, cintilação celeste que nenhum poder tem o direito de obscurecer ou de apagar o que é fonte de todos os sentimentos de honra e de dignidade,*
>
> *Proclamação de Maçonaria* (*in* Ritual do Aprendiz)

Historicamente, podemos dizer que o conceito de Liberdade individual e coletiva plena, tal qual a admitimos hoje, e que a Sublime Ordem defende intransigentemente, levou milênios até que atingisse sua maioridade, conquanto a Liberdade sempre tenha sido uma aspiração íntima dos homens e dos povos. Assim, não se pode dizer que o mundo antigo e a Idade Média tenham conhecido a Liberdade. Mesmo a Grécia, berço da democracia, mantinha sua estrutura de castas, onde artesãos, comerciantes e agricultores não tinham o direito a voto, os estrangeiros eram considerados escravos e as mulheres meras coadjuvantes de uma sociedade que exaltava os atletas e combatentes. O Império Romano foi o que mais escravizou e governou com mão de ferro e a Idade Média consagrou o Feudalismo, criando abismos de diferenças sociais.

O primeiro golpe ao despotismo dos governantes deu-se no século XIII, na Inglaterra, através da Magna Carta que o Rei João Sem Terra foi obrigado a jurar, lançando-se, assim, os fundamentos da liberdade civil.

Mas foi na Idade Média, contudo, que se gestou a Maçonaria como se pratica hoje, fruto que foi de sua transformação de Operativa em Especulativa. Indispensável, portanto, traçarmos uma linha de raciocínio com componentes históricos já conhecidos como sustentação ao enquadramento ideológico da Maçonaria dentro de sua conceituação liberal democrata.

Durante a Idade Média, não existindo universidades ou escolas especializadas em ensinar a arte da construção com pedra, os construtores de palácios, catedrais e castelos, que tinham grande prestígio na época, guardavam rigoroso segredo sobre ela, só a ensinando em suas "Lojas", grêmios que se reuniam em prédios contíguos às obras que contribuiriam. Essas Irmandades eram secretas, mas não clandestinas, e, em face da liberdade e prestígio que seus Membros gozavam frente à sociedade da época, eram chamados "Pedreiros-livres" (Franc-Maçons).

Possuíam Símbolos, Sinais e jargões próprios e nada tinham de religiosa ou política, sendo apenas associações de construtores. Sua transformação começou a ocorrer quando arquitetos de formação acadêmica passaram a forçar sua entrada nessas confrarias com o intuito de conseguir trabalho (Maçons aceitos). Não sendo simples trabalhadores, mas intelectuais com uma visão mais abrangente da conjuntura social, sua influência fez com que as portas dessas "Lojas" fossem abertas também a outros profissionais liberais e a negociantes, principiando uma mudança no perfil das Associações, que se tornaram de "Operativas" em "Especulativas", passando a abranger, então, todos os ramos da cultura.

Depois de ter aceitado a comunidade dos rosas-cruzes em seu seio, a "Fraternity of Freemansons" (Fraternidade de Pedreiros -Livres) passou a abrigar aqueles que eram oprimidos por atitudes autoritárias, como foi o caso dos nobres ingleses perseguidos pelo déspota Gromwell e pelos Puritanos, e dos católicos ingleses, pelos protestantes, dando início, sem o perceber, a uma atuação política coerente a seus princípios fundamentais humanitários e de liberdade. Na sequência, participou da revolução inglesa de 1688, ajudando a levar para a Inglaterra o novo rei, Guilherme de Orange, e com ele fez um acordo de dar-lhe sustentação política em troca deste garantir liberdade ao povo inglês.

Em pouco tempo disseminou-se, a partir de 1725, com sua introdução na França, uma quantidade substancial de "Lojas Maçônicas" em toda a Europa sempre tendo, por base fundamental, a liberdade. O que antes era privilégio da aristocracia desses profissionais liberais, negociantes e intelectuais, ávidos de colocar em prática suas ideias liberalizantes e de igualdade entre todos. Daí o entusiasmo com que os Maçons da época liam e adotavam as teorias político-sociais dos filósofos franceses do século XVIII, particularmente Voltaire, Montesquieu, Rousseau, Diderot, muitos deles filiados à Ordem. Se as ideias de liberdade maçônicas eram atrativas à classe culta europeia, à burguesia o eram muito mais, pois representavam a base de uma luta para a conquista de um espaço na política e na administração pública. Como a monarquia absolutista não permitia partidos políticos, a Maçonaria, clandestinamente, fazia o papel destes, pregando a Liberdade, a Igualdade e a Fraternidade, e a substituição do absolutismo real por um regime constitucional, democrático e com Parlamento eleito pelo povo.

Enquanto houvesse fortes divergências internas com relação à manutenção da Monarquia como tradição (Monarquia Azul) ou a supressão total da Monarquia com a instauração de Repúblicas (Maçonaria Vermelha), os princípios fundamentais permaneciam os mesmos. Desse relato, conclui-se que a Maçonaria desempenhou importante missão na libertação dos povos dos jugos absolutistas com sua Doutrina, organizando a luta e preparando homens para a instauração de Democracias Liberais nos quatro cantos do globo. Fato é que, do século XVIII até os dias de hoje, nenhuma revolução democrática se processou que não tivesse guardada uma réstia de influência das ideias de liberdade da Revolução Francesa.

De caráter Universal, nos países em que se consegue fazer prevalecer a força de suas ideias, a Maçonaria deixa de ser clandestina ou secreta, tornando-se apenas uma sociedade discreta enquadrada dentro de suas leis como outras agremiações. Não se tem conhecimento, por isso, de sua existência em regimes ditatoriais como no Irã, na Rússia, etc., regimes estes incompatíveis com sua pregação Liberal Democrática. Desta forma, a Maçonaria é imutável em seus Princípios Fundamentais e sua Doutrina, mas dinâmica quanto aos objetivos sociais e políticos que defende em cada país. Daí decorre que, em monarquias absolutistas europeias como a França, a Corporação dos Pedreiros-Livres teve por objetivo substituir o absolutismo real por Liberais Democracias; nas Américas, instaurar Repúblicas Independentes; na Itália, a unificação nacional.

Concluindo, diríamos que todos os componentes históricos revelam que a vocação da Maçonaria é a da **Liberal Democracia** e, por consequência, contrária a qualquer regime totalitário. Tradicionalmente, exerce influência e atua politicamente onde estiver estabelecida, propagando seus princípios na Sociedade sem, contudo, praticar política-partidária ou de interesses de determinados segmentos, pois tem como um de seus postulados básicos lutar para tornar a Humanidade mais feliz. Tem unidade doutrinária, mas admite a maleabilidade de sua atuação de acordo com os objetivos e as características de cada povo. É uma defensora da liberdade individual e coletiva, mas respeita a autoridade e a Lei, primando pela Razão, pela Moral e pela Justiça.

O ENQUADRAMENTO IDEOLÓGICO DA MAÇONARIA

Morre um liberal, mas não morre a Liberdade.

(Frase atribuída ao Irmão Libero Badaró antes de morrer assassinado).

Como vimos, a tríade Liberdade, Igualdade e Fraternidade, princípio indissolúvel pertencente à Maçonaria, esteve em todas as revoluções democráticas da História, notadamente na Francesa, razão pela qual a própria existência da Sublime Ordem está ligada à ideia da Liberdade e da Democracia em oposição ao totalitarismo.

De origem grega, a palavra **democracia** significa **o povo** (demos) **no poder** (Kratos) e, aplicado à teoria política, é uma forma de governo no qual o poder de decisão é exercido pelos cidadãos, segundo o princípio da vontade de maioria.

Pregando a Liberdade e a Igualdade de todos os cidadãos, a Maçonaria está, implicitamente, aceitando a teoria democrática de governo, pois pressupõe que todo indivíduo deva ter o mesmo direito e a liberdade de escolher ou ser escolhido para exercer o Poder.

A Democracia, **governo do povo, pelo povo e para o povo,** deve garantir ao cidadão e à sociedade todas as formas de liberdade, quais sejam, a liberdade de consciência, da palavra, de imprensa, de trabalho, de reunião e associação, inviolabilidade de domicílio, pessoal *("habeas corpus"),* etc. Essas formas de liberdade devem estar sujeitas a leis que todos devem respeitar e cumprir para que o princípio de Igualdade possa acompanhar o da Liberdade e, com isso, oferecer base para que a Fraternidade se faça presente no relacionamento da sociedade.

Foi com o pensador e filósofo inglês John Locke (1632-1704)

que surgiram as primeiras reflexões a propósito da liberdade civil, religiosa e política. Em seu "Ensaio sobre a Tolerância" (1667), o filósofo inglês começou por defender as ideias de um liberalismo moderado em que dizia que o homem tem direitos naturais anteriores à sociedade, cuja obrigação é respeitar e criar mecanismos para protegê-la: liberdade pessoal, propriedade, manifestação, etc. Segundo Locke, o Homem provinha de uma sociedade primitiva onde prevaleciam a liberdade e a igualdade absolutas, tendo por única lei, a da natureza. O desenvolvimento desta sociedade, porém, provocou a necessidade da criação de um órgão regulador, um governador, que fizesse o papel mediador das relações entre seus membros. Para manter-se o grau de liberdade ideal à convivência de seus membros, a autoridade desse governo instituído não pode superar aquela que lhe delegam as pessoas que constituem a sociedade civil.

Sendo um dos filósofos políticos que mais têm influenciado o mundo, John Locke pregou a criação do Poder Legislativo, para ele indispensável no funcionamento da sociedade política e poder supremo da comunidade. Segundo sua concepção, o Poder Legislativo seria formado por cidadãos convenientemente com este propósito para, depois, separados, submeterem-se às mesmas Leis. Paralelamente, outro Poder permanente para acompanhamento das leis vigentes, separado e subordinado ao Legislativo: o Poder Executivo.

Voltaire (1694-1778), Maçom, foi o grande divulgador das ideias liberais na França e, certamente, muitos próceres de sua Revolução inspiraram-se nas célebres palavras do grau de filósofo: "povo, desperta, quebra as tuas cadeias!".

Já Montesquieu (1689-1755), em seu célebre "Do Espírito das Leis", introduziu novos conceitos na Teoria do Estado, propondo a divisão da autoridade de um governo em três Poderes: Executivo, Legislativo e Judiciário. Argumentava Montesquieu, que a tendência natural do homem é exorbitar de suas funções quando detém boa parcela de poder, razão pela qual não se pode dizer que sua intenção com essa divisão tenha sido o aperfeiçoamento da democracia, mas impedir a supremacia absoluta dos detentores do Poder. De qualquer forma, aperfeiçoada em sua constituição, a proposição de Montesquieu vigora até hoje sua maioria dos países do mundo.

Ampliando a teoria liberal de Locke, Montesquieu aproximou-se de outro grande ideal político do século XVIII, a teoria democrática, que, na origem, eram ideais distintos, mas que hoje se compõem juntos, como um todo compacto, enquadramento ideológico da Maçonaria, ou seja, a **liberal democracia.** Propugnando, o **liberalismo**, pela defesa dos direitos do indivíduo; e a **democracia**, se fundamentando na concepção de soberania das massas, ou governo representativo da maioria, resumem, esses ideais, os mesmos que a Maçonaria vem defendendo como Instituição para a organização do Estado e da Sociedade.

Como forma de governo, portanto, o Estado Liberal surgiu da ideia de liberdade trazida principalmente por estes intelectuais do século passado em sua luta contra o princípio do poder absoluto e direito divino das realezas. Em seu aspecto **teórico-metafísico,** engloba a liberdade com base nos direitos naturais do ser humano como a vida, a propriedade, etc... E a limitação do poder dos governantes (comunhão social com prevalência dos valores individuais). Em seu aspecto **Institucional**, consagra legal e legítimo tudo que estiver no Código e na Constituição, ambos frutos da racionalidade e da vontade da maioria.

Assim, tendo por base uma Doutrina humanista e essencialmente ética, a Maçonaria luta pelo aprimoramento do indivíduo pela via da iniciação e do **simbolismo,** da **tolerância** e da **livre investigação da Verdade,** fundamentando-se na filosofia político-social da democracia liberal, da qual foi contemporânea e aliada numa época de lutas contra o absolutismo político e a intolerância religiosa, e para a qual contribuiu como frente (na ausência de partidos) política de difusão das ideias de liberdade e libertárias, que culminaram com a adoção do trinômio **Liberdade, Igualdade, Fraternidade** como apanágio de suas lutas para o bem da Humanidade.

Nesse contexto, emerge a grande responsabilidade da Ordem de comprometer-se com a defesa desses princípios, tendentes a proporcionar, dentro de um novo espírito de cooperação social e fraternidade, respaldo para a organização social do novo milênio, na ampla concepção de uma sociedade democrática aberta, econômica, política, social e culturalmente.

A LUTA DA MAÇONARIA POR SEUS PRINCÍPIOS

Justificado o enquadramento político ideológico da Maçonaria, cabe agora estruturá-lo dentro dos princípios que compõem a filosofia maçônica e que houvemos por bem dividir em duas classes: os **Princípios Fundamentais,** imutáveis por sua natureza, já que são a própria razão de ser da Maçonaria; e os **Princípios Dinâmicos,** que compõem os objetivos transitórios de interesse da sociedade brasileira defendidos pela Ordem.

PRINCÍPIOS FUNDAMENTAIS

Já no ato de sua Iniciação, o Profano assume **compromissos solenes** com a Sublime Ordem e é prevenido da necessidade do cumprimento de sérios deveres, além de enormes sacrifícios que lhe poderão ser exigidos.

Definindo seus Obreiros como **construtores sociais,** a Maçonaria exige destes uma rigorosa ética que deve guiar seus atos em todas as situações de suas vidas Profana e Maçônica.

Desta forma, enumeramos aqui não só os **compromissos solenes** do Maçom, como também os **valores éticos** que compõem os **Princípios Fundamentais** de sua Doutrina, dogmática quanto a essas diretrizes. Este ideário e seus desdobramentos deverão fazer parte da atuação social e política do Obreiro.

Sob a égide de um Princípio Criador, ao qual denomina **Grande Arquiteto do Universo,** a Maçonaria não impõe nenhum limite à livre investigação da Verdade e, garantindo a todos essa liberdade, também exige destes a maior **tolerância.** Assim, o Maçom deve:

1. **Amar e defender a Pátria:** ainda que sob o risco da própria vida; e tudo fazer para engrandecê-la, mesmo que para isso venha a contrariar seus interesses pessoais;
2. **Defender para todos:** a liberdade de consciência, a igualdade de direitos e a Fraternidade Social;
3. **Combater:** a tirania, os preconceitos e os erros, **glorificando** o Direito, a Justiça e a Verdade;
4. **Se impor a este Programa:** obedecer às Leis do País, viver segundo os ditames da honra; lutar incessantemente para tornar mais feliz a Humanidade.
5. **Procurar sempre se tornar elemento:** paz, concórdia e harmonia no seio da Maçonaria e da Sociedade, repelindo toda e qualquer associação ou seita que, por juramento, prive o homem de seus direitos, deveres de cidadão e de liberdade de consciência.

Em Resumo:

Da simbologia para a prática, reconhecer a figura do Esquadro e do Compasso unidos como representante da medida justa que deve presidir a todas as suas ações, as quais não podem se afastar da Justiça e da Retidão, que devem reger os atos de um verdadeiro Maçom, glorificando e tendo por princípio dogmático a tríade: **Liberdade, Igualdade, Fraternidade.**

PRINCÍPIOS DINÂMICOS

Ao relancear um olhar sobre a história dos povos democratas, vamos verificar que nem sempre é a vontade do povo que prevalece como deveria acontecer, e, no Brasil, um exemplo recente e marcante foi a derrota da Campanha das "diretas já" em 1984. Nela, como em muitas outras situações, prevaleceu o interesse de uma minoria, de um grupo ou de um cidadão apenas. A Maçonaria, através de seus **Princípios Fundamentais**, prepara seus Obreiros para agirem social e politicamente com coerência e a favor da maioria, segundo os ditames da Justiça, da Moral e da Razão, distante de interesses imediatistas e de pequenas castas de privilegiados e considerando uma visão patriótica e de estadista. Fruto de situações de momento, e após estudos proficientes e análises de Membros capacitados de seus Altos Corpos, a Maçonaria costuma firmar posições a respeito das grandes questões nacionais, estimulando e criando mecanismos para seus Obreiros defendê-las. São, portanto, **Princípios Dinâmicos**, por serem objetivos de conveniência transitória e mutáveis, segundo os interesses maiores do País e depois de atingidas suas metas.

Assim, na atualidade, conforme manifestações da CMSB, a Maçonaria brasileira tem defendido e irá continuar defendendo os seguintes **Princípios Dinâmicos:**

1. **Parlamentarismo:** como a mais adequada expressão do processo representativo popular para o exercício do Governo da Nação, compatível com as mudanças institucionais atuais e que irão propiciar ao País um regime democrático e permanente, como proposto aos Constituintes desde 1985.
2. **Desenvolvimento:** respeitados os direitos de propriedade do cidadão e observados o interesse social e a improdutividade rural como um dos instrumentos da realização da justiça social.
3. **Saúde Pública:** entendendo como tal não só as Ações preventivas e curativas para a Saúde da população, mas, principalmente, um melhor padrão de vida para esta, consubstanciado na melhoria de condições de Transporte, Educação, Habitação, Alimentação, Segurança, Lazer e Saneamento Básico.
4. **Diminuição do Estado:** O Estado deve limitar-se a garantir o funcionamento o mais autônomo possível da sociedade e cuidar apenas de funções sociais essenciais

visando o bem-estar do cidadão, quais sejam: Saúde, Educação, Transporte, Segurança, Saneamento Básico, Justiça. Inclui-se, neste item, a dispensa de funcionários públicos ociosos; a proibição de acumulação de cargos no serviço público; a limitação ética e legal de salários e dos aumentos indiscriminados de servidores dos Três Poderes.

5. **Pacto Federativo:** Como decorrência da implantação da Constituição de 1988.
6. **A privatização** de todas as Empresas Públicas que não tenham funções estratégicas ou que envolvam a soberania nacional, no sentido de diminuir o intervencionismo estatal na sociedade brasileira. O Estado brasileiro hoje é produtor de bens básicos e intermediários, alocador de recursos sob várias formas (BNDES, reserva de mercado, concessão de canais de TV); regulador das relações econômicas e de política de estabelecimento de preços (Agencis); interface e média relações trabalhistas; além de realizar as funções que realmente lhe compete. Num Estado Liberal e de economias de mercado, suas atividades devem ficar restritas às relacionadas no item anterior e não forçar uma situação ilusória de igualdade de condições dos cidadãos, mas garantir-lhes a igualdade de oportunidades.
7. **Sustentabilidade:** Luta pela defesa do **Meio Ambiente** e da preservação dos recursos naturais do país, determinando sua utilização racional em favor do povo brasileiro, impedindo a continuidade da luta predatória e de aviltamento, tanto na sua exploração, quanto nos preços das relações de um intercâmbio. Trabalhar para a implantação e energia limpa e renovável.
8. **Moralidade Pública:** Os Maçons só devem votar em candidatos a cargos públicos que se comprometem a lutar pela **Moralidade Pública** em todos os sentidos e em

todas as esferas (Municipal, Estadual e Federal), pois há que se combater a corrupção que campeia desenfreada e impune em todos os setores da vida nacional; a realização de obras de interesse social restrito fora de nossa realidade econômica; e os desvios de verbas destinadas a obras essenciais e prioritárias, práticas estas contumazes na Administração Pública.

9. **Formar hábitos sociais:** Intensificação das campanhas de esclarecimento à população como forma de estimular o surgimento de uma identidade social para propiciar um pensamento coletivo da sociedade brasileira.

CONCLUSÃO

Estando o país vivendo crucial momento de sua História, abalado por UMA CORRUPÇÃO FORTÍSSIMA, QUE JAMAIS FOI VISTA, POR PROPOSTAS ELEIÇOEIRAS, SUSTENTADAS POR UMA MÍDIA FALIDA, DOTADA DE UMA FOME ARGENTÁRIA, ocasionando graves problemas sociais e castigando impiedosamente a população, é impostergável para a Maçonaria assumir posições de influência nos destinos da Nação. Através de ações práticas, sair dos casulos em que se transformaram nossos Templos e pregar não só pela palavra, mas com a força do exemplo os princípios que compõem nossa Doutrina, formando uma frente de homens honrados, patriotas, a se congregar em torno de um pacto indissolúvel a promover a revalorização da cidadania do brasileiro e combater todas as formas de corrupção, ativa e passiva, que assola o Estado e a sociedade. O Maçom, que é patriota em essência e um elemento de alto espírito cívico, já que o fundamento de sua moral é a solidariedade humana, não pode fugir ao compromisso de lutar pelo reerguimento da Nação brasileira, que sempre se serviu da Ordem nos momentos decisivos de sua História.

Cabe, no entanto, à geração de Irmãos do presente, não viver da História, mas fazer a História, lutando por um futuro melhor para nossos pósteros, a fim de que eles também se sintam fortalecidos por terem um exemplo a seguir.

Se o quisesse, a Maçonaria poderia se transformar, com sua estrutura fincada nos mais remotos cantos do país, a força moral de seus princípios e seus quinhentos mil Obreiros, no maior e mais tradicional partido político brasileiro, no entanto, como Instituição, ela deve se manter distante de militância partidária, que foge de suas finalidades básicas. Não pode, porém, deixar de defender uma norma geral de **Política de Estado** como veículo de seus ideais e instrumento de suas reivindicações, refletindo os anseios democráticos e progressistas do Povo Brasileiro. Como Instituição, ela não deve cortejar o Poder, mas preparar seus Membros para que o exerçam condignamente quando convocados a tal. Aos que não pertençam a seus Quadros, exercer seu direito de cidadania, cobrando-lhe posições de competência, austeridade e honradez, pois esta é a expectativa da sociedade e a Maçonaria é digna porta-voz desta, porque a conhece como ninguém e luta incessantemente para torná-la mais justa e perfeita.

O povo amadureceu muito rapidamente em termos políticos, talvez por consequência dos rudes golpes a que tem sido exposto pelas péssimas Administrações Públicas que detêm o Poder há algumas décadas; por isso, ante a gravidade do momento, é necessário uma conscientização dos homens para que coloquem o interesse coletivo acima do individual, e todos aqueles que não assumam essa postura, dentre os quais se alinham os maus políticos, os administradores corruptos e seus corruptores, os envolvidos em escândalos que lesem a sociedade brasileira, os aproveitadores, os cartorialistas, sejam dados a eles o tratamento da Justiça e o desprezo da sociedade.

É, portanto, necessário que, segundo a nossa **Identidade Política da Maçonaria**, formemos grupos de estudo, debates e demais formas de divulgação e disseminação das ideias maçônicas nesse campo, a fim de instruir e preparar os Maçons para o exercício de cargos públicos ou de avaliação e crítica à Administração Pública, seguindo uma linha de coerência e uniformidade afinada com nossos postulados e formação histórica.

Cumpridos esses objetivos fica-nos a certeza que naturalmente emergirá, numa etapa posterior, uma geração de Irmãos mais conscientes administrativa e politicamente que, certamente, poderão participar da vida da Nação com mais preparo e espírito crítico. Se existe toda uma cultura arraigada que contempla a imagem da Administração Pública com a forma de ineficiência, descaso e corrupção, urge mudá-la, influenciando em todos os seus níveis (federal, estadual e municipal) e nenhuma Instituição no País encontra-se mais espalhada e participante que a Maçonaria para o fazê-lo. Acrescente-se a isso o compromisso que cada Irmão da Ordem assume em relação à ética e aos princípios maçônicos e estaremos efetivamente aplicando o enorme potencial que possuímos e que se encontra adormecido.

Ipso facto, é mister que a Maçonaria acorde e saiba avaliar a gigantesca força que sustenta suas Colunas e aprenda a utilizá-la no cumprimento de seu objetivo maior de promover a Justiça Social.

Tornando seus Obreiros mais aptos intelectual e culturalmente, conscientizando-os de sua missão social através do estudo de suas raízes históricas e preparando-os para a discussão e análise dos grandes problemas nacionais, a Sublime Ordem estará criando mecanismos efetivos para que estes passem a lutar pela melhoria de qualidade de vida da sociedade brasileira. Diz a sabedoria popular que "muitos mourões juntos não fazem cerca" e nossa Irmandade é, senão a mais preparada, a única capaz de compor uma cerca sólida e intransponível de quinhentos mil "Mourões" dando-se as mãos e trabalhando, nos mais recônditos cantos do chão pátrio, pelo engrandecimento da Nação.

Muita obstinação deve existir no seio da Irmandade para que esta missão seja compreendida e assimilada pelos pedreiros-livres da modernidade e que esta possa levar a Maçonaria a formar, junto com outras Instituições honradas, uma coluna de homens de bem que se imponham frente à mediocridade e ao jogo de interesses pessoais dos **traidores do povo** que almejam posições de destaque para se locupletarem.

Nesta nova etapa da vida política brasileira, urge aliarem-se cidadãos preparados, que ainda amam a Pátria, independente de suas convicções políticas e partidárias, para darem a este país uma cara nova e promoverem uma conspiração de homens honrados a elevar Templos à Virtudes e cavar Masmorras aos Vícios e aos costumes perniciosos e corrompedores. A crise por que passa o Brasil, antes de ser política, econômica e social, é moral. Grão-Mestres, seus Delegados, Veneráveis e Vigilantes devem ser os polos multiplicadores de espírito cívico contido em nossos postulados para que todos os Irmãos se empenhem, através das bandeiras aqui levantadas, para formar uma extensa e poderosa "Cadeia de União" nesta hora gravíssima por que passa o Brasil e ajudá-lo a reerguer-se, fazendo jus à grande destinação histórica que o aguarda.

SUMÁRIO

A Maçonaria estabeleceu-se no Brasil com motivações políticas, principalmente, apesar da fachada cultural de suas primeiras Oficinas e nesta atividade participou de todos os momentos importantes da vida nacional até o início deste século, sendo que sua História confunde-se com a própria História do Brasil.

Afetada talvez pelos longos períodos de autoritarismo da História da República, ela tem se mantido à margem dos acontecimentos nacionais, enclausurada em seus Templos, e hoje seu perfil é muito mais de uma Instituição Cultural, benemerente, social e esoterista. A Tese analisa esta situação, buscando resgatar as raízes históricas do estabelecimento da Maçonaria no Brasil, propondo uma reflexão aos Maçons a propósito de sua missão política e procurando incentivar a retomada de uma combatividade social e política que sempre pertenceu ao seu ideário.

No desenvolvimento dessas ideias, situa a **Identidade Política da Maçonaria** num contexto **Democrata-Liberal** e propõe um enquadramento filosófico dividido em duas classes: os **Princípios Fundamentais** e os **Princípios Dinâmicos.**

Alicerçada pela Teoria, propomos uma posterior ação prática de disseminação das ideias e conceitos que emite, no intuito de instruir e afinar o Maçom com os postulados de sua Doutrina.

Sem ter a intenção de criticar a dinâmica de atuação da Ordem nos últimos anos, apenas quero provocar reflexões e debates a propósito dos rumos futuros da Instituição.

BIBLIOGRAFIA

ALMEIDA, Maria Herminia T. de. *O que é Governo*. IBEAC/USP (Curso de Formação Política).

Arquivo do Jornal **"O Estado de S. Paulo"**.

BOBBIE, Norberto. *O Significado da Política*. (tradução de João Ferreira)

Revista **"A Verdade"** – diversos números.

Coleção "Os Pensadores". ABRIL, São Paulo – diversos números.

Constituição do Brasil (1988).

FAGUNDES, Morivalde Calvet. *Maçonaria: Espírito e Realidade*. Aurora.

Palestras nas Jornadas Maçônicas, feitas por diversos Irmãos.

RIZZINI, Carlos. *O Livro, o Jornal e a Tipografia no Brasil*. São Paulo: Imesp (Imprensa Oficial do Estado de São Paulo).

BIBLIOGRAFIA

Editora Maçônica
A TROLHA
Redação, Diagramação,
Composição, Revisão, Arte-Final.

Rua Castro Alves, 264 – Jd. Shangri-lá A
Fone: (43) **3337-1982** – Fax: (43) **3326-0915**
CEP 86070-670 – Londrina – Paraná

Home Page: http://www.atrolha.com.br
E-Mail: redacao@atrolha.com.br